KB205952

영혼을 살리는 설교 5

미혹하는 자들

목차

사탄이 세상을 지배한다. 예수를 믿지 않는 사람과 예수를 믿어도 거듭나지 않은 사람은 사탄의 권세 아래에 놓여있다. 사탄의 권세 아래에 있지 않은 것은 교회 밖에 없다. 참 교회 안의 성도는 하나님의 권세 아래에 있다. 이들은 사탄이 해치 못한다.

예수를 믿는 사람은 약 7억 명이다. 전 인류의 약 10퍼센트이다. 이 중에서 거듭난 사람을 5퍼센트로 후하게 잡아도 전 인류의 99.5퍼센트는 사탄에게 속해 있는 것이다. 그러므로 사탄이 세상을 지배한다는 말이 성립되는 것이다. 누가복음 4장 5절에서 7절까지의 말씀도 그것을 증명한다.

"마귀가 또 예수를 이끌고 올라가서 순식간에 천하 만국을 보이며" "이르되 이 모든 권위와 그 영광을 내가 네게 주리라 이것은 내게 넘겨준 것이므로 내가 원하는 자에게 주노라" "그러므로 네가 만일 내게 절하면 다 네 것이 되리라" (눅 4:5-7).

이 구절은 마귀가 예수를 유혹하는 장면이다. 천하 만국이 마귀에게 주어졌다고 한다. 마귀가 예수에게 거짓말한 것이 아니다. 세상의 대부분이 죄 중에 있으므로 하나님이 마귀에게 내 준 것이다. 이것은 하나님이 세상을 통치하는 원리이다.

현재 인류는 99.5퍼센트가 마귀에게 넘어갔다. 그러나 마귀는 이에 만족하지 않는다. 나머지 0.5퍼센트도 모두 먹으려고 한다. 그리하여 마귀가 가장 집중하여 공격하는 대상이 0.5퍼센트의 거듭난 성도들이다.

마귀는 예수를 믿지 않거나 믿어도 거듭나지 않은 자들에게는 관심이 없다. 왜냐하면 그들은 스스로 지옥으로 가고 있기 때문이다. 그러나 구원받은 성도들은 버려 두면 결국 천국으로 가게 되므로 방법과 수단을 모두 동원하여 막으려고 한다. 마귀들은 인간이 천국으로 가는 것을 도저히 참지 못한다. 한 영혼이라도 더 지옥으로 끌고 가는 것이 마귀들의 사명이다.

마귀들이 거듭난 성도들을 지옥으로 데려 가기 위하여 사용하는 전술이 있다. 그것은 속이는 것이다. 지옥으로 가는 길에 천국 표지판을 붙여 놓는 것이다. 이렇게 하는 것을 미혹이라고 한다.

"거짓 그리스도들과 거짓 선지자들이 일어나서 이적과 기사를 행하여 할 수만 있으면 택하신 자들을 미혹하려 하리" (막 13:22).

택하신 자들을 미혹한다는 것이 바로 거듭난 성도 0.5퍼센트를 미혹하여 지옥으로 끌고 간다는 의미이다.

미혹이라는 단어는 성경에서 많이 사용하는데 어려운 용어이다. 미혹은 속인다는 의미이다. 성경에서 미혹은 믿음 생활을 잘못 하게 속인다는 의미로 사용한다. 미혹하는 궁극적인 목적은 영혼을 지옥으로 가게 하는 것이다. 그러기 위하여 거짓을 진리로 속이고 금지한 것을 해도 된다고 속인다. 해야 되는 것을 하지 않아도 된다고 속인다.

뱀이 하와를 속인 것이 미혹의 원조이다. 뱀은 먹으면 죽는 선악과를 먹어도 죽지 않는다고 하와를 속였다. 하와는 그 거짓말을 믿고 선악과를 먹었다. 이러할 때에 뱀은 하와를 미혹한 것이고 하와는 미혹 받은 것이다.

미혹의 의미를 상세히 설명한 이유는 이 책이 미혹을 주제로 다루기 때문이다. 이 책은 마귀의 종인 거짓 교사들에게 속아 미혹 받지 않도록 가르치기 위하여 성령의 감동으로 쓴 것이다. 이 책은 미혹하는 자들이 누구이고 어떻게 미혹하는 지를 자세히 설명한다. 그리고 미혹 받지 않기 위하여 어떻게 믿음 생활을 해야 하는지에 대한 지혜와 지식을 제공한다.

영혼을 살리는 설교 5

I
미혹하는 자들

1

이적과 기사로 속이는 자들

"악한 자의 나타남은 사탄의 활동을 따라 모든 능력과 표적과 거짓
기적과" "불의의 모든 속임으로 멸망하는 자들에게 있으리니 이는
그들이 진리의 사랑을 받지 아니하여 구원함을 받지 못함이라" "이
러므로 하나님이 미혹의 역사를 그들에게 보내사 거짓 것을 믿게 하
심은" "진리를 믿지 않고 불의를 좋아하는 모든 자들로 하여금 심판
을 받게 하려 하심이라" (데살로니가후서 2:9-12).

능력과 표적을 쫓아다니며 믿음 생활을 하는 사람들이 있습니다.
이들은 병을 고치는 사람이나 예언하는 사람을 찾아다니기를 좋아
합니다. 병을 치료받고 싶고 예언의 말을 듣고 싶은 사람들이 그 방
면에 탁월하다고 소문이 난 사람을 찾습니다.

질병을 치료 받기 원하고 예언의 말씀을 사모하는 것이 잘못 된
것은 아닙니다. 그러나 여기서 지적하려는 것은 치료나 예언에 관심
을 가지고 여기 저기 다니기를 좋아하는 사람들은 미혹 받기 쉽다는
것입니다.

본문 구절은 사탄이 능력과 표적과 거짓 기적으로 사람들을 속인
다고 말씀합니다. 병을 치료하는 능력이 있고 예언을 말하고 기적을
행하는 사람들이 모두 사탄의 종은 아니겠지만 분별을 잘 해야 한

다는 경고의 말씀입니다. 마가복음 13장 22절, 23절을 보겠습니다.

"거짓 그리스도들과 거짓 선지자들이 일어나서 이적과 기사를 행하여 할
수만 있으면 택하신 자들을 미혹하려 하리라" "너희는 삼가라 내가 모든
일을 너희에게 미리 말하였노라" (막 13:22-23).

마지막 때에 거짓 선지자들이 예수를 잘 믿는 신실한 사람들까지
도 미혹하려 합니다. 여기서 주목하려는 것은 거짓 선지자들이 미혹
하는 수단으로 사용하는 것이 이적과 기사라는 사실입니다. 사람들
이 가장 잘 속는 것이 이것입니다.

암 덩어리가 순식간에 없어지는 기적을 체험하거나 목격하면 그러
한 기적을 행한 사람을 무조건 믿게 됩니다. 손을 들어 사람들을 넘
어지게 하면 그것이 능력인 것으로 믿습니다. 그러나 주님은 그러한
사람을 주의하라고 말씀합니다. 주님이 "너희는 삼가라"고 말씀하
는 것은 이러한 이적과 기사를 쫓는 것을 삼가라는 것입니다. 이러한
기적을 행하는 자들을 경계하라는 뜻입니다.

마지막 때를 예언하고 있는 요한계시록도 이적을 행하여 사람들
을 미혹한다고 말씀합니다. 요한계시록 13장 13절, 14절을 보겠습
니다.

"큰 이적을 행하되 심지어 사람들 앞에서 불이 하늘로부터 땅에 내려오게
하고" "짐승 앞에서 받은 바 이적을 행함으로 땅에 거하는 자들을 미혹하
며…" (계 13:13-14).

마지막 때에 거짓 선지자가 큰 이적을 행하여 사람들을 미혹합니다. 하늘에서 불이 내려오게 하는 기적을 행하므로 사람들이 거짓 선지자를 참 선지자로 여깁니다. 여기에도 거짓 선지자가 사람들을 미혹하는 수단이 기적입니다.

고린도전서 1장 22절, 23절을 보겠습니다.

"유대인은 표적을 구하고 헬라인은 지혜를 찾으나" "우리는 십자가에 못 박힌 그리스도를 전하니 유대인에게는 거리끼는 것이요 이방인에게는 미련한 것이로되" (고전 1:22-23).

유대인은 표적을 보아야 믿습니다. 이 구절도 사람들이 본질적으로 기적을 행하는 자를 믿고 쫓으려 하는 것을 보여줍니다. 헬라인은 지혜를 찾는다는 의미는 세상의 지혜, 즉 사람의 학문이나 철학을 찾는다는 의미입니다. 믿는 사람들은 십자가에서 죽으신 예수 그리스도를 전하는 것에 집중해야 합니다.

이적과 기사를 쫓는 사람들과 세상의 이론을 좋아하는 사람들은 예수의 복음만 전하는 사람을 꺼려합니다. 미련하게 여깁니다. 이 말씀을 현실에 적용하면 치유 집회나 예언 집회를 쫓는 사람들은 십자가 복음을 듣기 싫어한다는 의미입니다.

그러므로 성경 말씀을 묵상하고 그대로 행하는 일보다는 소문을 듣고 집회에 다니는 일에 더 관심을 갖는 사람들은 거짓 종에게 미혹 되었거나 미혹에 빠질 위험이 높습니다.

실제로 큰 능력을 행하는 것으로 유명한 사람들의 대부분이 거짓 주의 종이라는 사실은 그들의 삶과 언행을 잘 관찰하면 알 수 있습니다. 또한 성경이 예언하고 있습니다. 누가복음 6장 26절을 보겠습니다.

> "모든 사람이 너희를 칭찬하면 화가 있도다 그들의 조상들이 거짓 선지자들에게 이와 같이 하였느니라"(눅 6:26).

이 구절은 예수님이 제자들에게 한 말씀입니다. 모든 사람들이 너희를 칭찬하면 너희에게 화가 있을 것이라고 합니다. 이 말씀은 고대에도 칭찬을 받은 사람들은 모두 거짓 선지자였고 참 선지자는 사람들이 별로 칭찬하지 않는다는 의미입니다.

참 주의 종은 사람을 즐겁게 하기 보다는 하나님을 기쁘게 합니다. 그러므로 사람들은 꺼려합니다. 그러나 거짓 선지자들은 사람들의 귀를 즐겁게 해주므로 사람들이 칭찬하는 것입니다. 또한 이적과 기사로 사람들을 현혹하므로 좋게 여기는 것입니다.

예레미야 5장 31절을 보겠습니다.

> "선지자들은 거짓을 예언하며 제사장들은 자기 권력으로 다스리며 내 백성은 그것을 좋게 여기니 마지막에는 너희가 어찌하려느냐"(렘 5:31).

사람들이 거짓 예언하는 선지자들을 좋게 여기는 것을 하나님이 한탄합니다. 사람들이 좋게 여기는 선지자는 거짓 선지자라는 것과 그들의 말을 들으면 망한다는 염려의 뜻이 담겨 있는 말씀입니다.

지금까지의 말씀을 정리하면 능력과 기적을 행하여 많은 사람들의 칭찬을 받고 유명해진 사람은 거짓 주의 종이라는 사실입니다. 이적과 기사를 쫓아다니는 것은 건강한 믿음 생활이 아닐 뿐더러 미혹받고 멸망할 수 있으니 유의하라는 것입니다.

지금부터는 많은 사람들이 칭찬하는 세계적으로 유명한 실제 인물들의 예를 살펴보겠습니다.

어떤 외국인 목사가 2016년에 한국에서 치유 집회를 하였습니다. 많은 한국의 교인들이 치유를 받기 위하여 돈을 내고 그 집회에 참석하였습니다. 이 목사의 이름은 티비 조슈아 (T.B Joshua)입니다. 이 사람은 나이지리아에서 가장 재산이 많은 목사로서 아프리카를 대표하는 거짓 목사입니다.

이 사람은 거짓 목사이지만 실제로 질병을 치료하기도 합니다. 그러므로 사람들이 속습니다. 칭찬을 합니다. 질병을 치료하는 기적을 보이고 손을 들어 사람들을 쓰러뜨리므로 사람들이 좋게 여깁니다. 많은 사람들이 칭찬하면 거짓 선지라는 성경 말씀이 이 거짓 목사에게 응한 것입니다.

티비 조슈아가 하는 것이 "사탄의 활동을 따라 모든 능력과 표적과 거짓 기적과 불의의 모든 속임"입니다. 그 집회에 참석하여 돈을 내고 병 낫기를 구한 사람들은 진리의 사랑을 받지 못하여 구원받지 못하고 멸망하는 자들입니다. 다시 본문 말씀인 데살로니가후서 2장 9절에서 12절까지를 보겠습니다.

"악한 자의 나타남은 사탄의 활동을 따라 모든 능력과 표적과 거짓 기적과" "불의의 모든 속임으로 멸망하는 자들에게 있으리니 이는 그들이 진리의 사랑을 받지 아니하여 구원함을 받지 못함이라" "이러므로 하나님이 미혹의 역사를 그들에게 보내사 거짓 것을 믿게 하심은" "진리를 믿지 않고 불의를 좋아하는 모든 자들로 하여금 심판을 받게 하려 하심이라" (살후 2:9-12).

이 말씀을 티비 조슈아에게 적용하면 하나님이 티비 조슈아의 집회에 참석한 한국 교인들에게 미혹의 영을 보내어 거짓 것을 믿게 한 것입니다. 그렇게 한 이유가 이들을 심판 받게 하기 위한 것입니다.

몇 년 전 티비 조슈아가 한국에서 집회를 할 때에 어떤 사람이 그 집회에 참석할 예정이라고 말을 하였습니다. 그러자 그와 함께 있던 두 목사가 티비 조슈아는 거짓 목사이니 집회에 참여하지 말라고 조언하였습니다. 그의 친구도 티비 조슈아에 관한 나쁜 꿈을 꾸었다며 그 집회에 가지 말 것을 권유하였다고 합니다.

그러나 이 사람은 그 집회에 돈을 내고 참석하였고 티비 조슈아에게 치유를 위한 기도를 받았습니다. 나는 이 사실을 알고 충격을 받았습니다. 내가 충격을 받은 이유는 이 사람이 매우 깊이 미혹 되었기 때문입니다. 건강이 좋지 않아 치유를 받으려는 소망은 이해하지만 세 사람이나 동일하게 권유하는 것도 무시하고 거짓 목사에게 돈을 준 것은 심각하게 미혹 되었다는 증거입니다.

병을 치료하는 능력이나 예언의 은사가 있는 사람들이 티비 조슈아처럼 돈을 받거나 헌금 받을 것을 목적으로 이러한 집회를 합니다. 이처럼 목사가 돈을 받으려고 치료와 예언을 한다면 이들은 점쟁이

가 복채를 받는 것과 무당이 굿을 해 주고 돈을 받는 것과 같은 것입니다. 성경은 거저 받았으니 거저 주라고 합니다.

많은 사람들이 칭찬하는 또 다른 한 사람에 대하여 살펴보겠습니다. 이 사람은 현존하는 거짓 목사들 중에 사람들을 가장 많이 쓰러뜨리는 자입니다. 이 자의 이름은 베니힌입니다. 베니힌은 "굿모닝 성령님"이라는 책의 저자로 한국 사람들에게도 널리 알려졌습니다. 이 사람은 수년 전 간통사건으로 미국 사회에 큰 물의를 일으킨 적이 있었습니다. 그의 간통 파트너도 유명한 여자 사역자였습니다.

베니힌은 자가용 비행기를 소유할 정도로 거부입니다. 이 사람의 삶이 음란하고 부정하며 성물을 도둑질하여 자기 배만 채우는 거짓 종임에도 불구하고 엄청난 수의 사람들이 개의치 않고 추종합니다.

이 사람의 주특기가 회중들을 넘어뜨리는 것입니다. 또 다른 주특기가 사람을 무대 위에 눕혀 놓고 경련을 일으키게 하는 공연입니다. 사람들은 이 사람의 퍼포먼스를 마술 쇼 보듯이 재미있게 구경합니다. 그리고 거액의 헌금을 합니다. 이 사람의 자가용 비행기는 이렇게 하여 운영되는 것입니다.

본문 말씀 중 데살로니가후서 2장 9절을 다시 보겠습니다.

"악한 자의 나타남은 사탄의 활동을 따라 모든 능력과 표적과 거짓 기적과" (살후 2:9).

모든 능력과 표적과 거짓 기적이 사탄의 활동을 따라 행하여 집니다. 사탄이 사람들을 속이기 위하여 기적을 일으킵니다. 사람들은 기적을 보면 그 사람을 능력 있는 주의 종으로 여깁니다. 거의 모두가 속아 넘어갑니다.

그러므로 사탄이 사람들을 속이기 위하여 가장 많이 사용하는 것이 기적입니다. 특히 병을 고치는 기적과 사람들을 넘어뜨리고 경련이 일어나게 하는 일을 많이 보여줍니다. 이러한 일에 능한 자들 중의 대표적인 삯꾼들이 바로 티비 조수아와 베니힌입니다.

이 두 사람 외에도 기적과 이사와 거짓 예언으로 사람들을 미혹하는 유명한 사람들이 많습니다. 그 중에 한 사람은 수년 전에 한국 전쟁을 거짓 예언한 케냐의 데이빗 오워입니다. 데이빗 오워는 흰색 벤츠 리무진을 타고 다니며 황제처럼 군림합니다. 이 사람은 자신의 틀린 예언을 성취된 것처럼 속이는 은사가 있습니다. 속이는 작업을 하기 위하여 그와 그의 스텝들은 많은 시간을 소비합니다.

또 다른 한 사람은 미국의 케네스 코플랜드입니다. 이 사람은 자가용 비행기를 소유하고 있으며 세계에서 가장 부유한 목사입니다. 그의 재산은 수천억 원입니다. 이 사람은 거짓 예언과 돈을 사랑하라는 사탄의 가르침을 전 세계에 퍼트리고 다니는 거짓 목사입니다.

이상으로 살펴본 것처럼 사탄의 활동을 따라 이적과 기사와 거짓 예언을 하는 자들은 공통점이 있습니다. 유명합니다. 많은 사람들이 좋게 여깁니다. 성경의 예언이 그대로 이루어지고 있습니다.

이제부터는 이러한 삯꾼 목사를 찾아다니는 사람들의 영적인 상태에 대하여 나누어 보겠습니다. 가장 기본적인 영적인 원리는 같은 영을 가지 사람들끼리 모인다는 것입니다. 세상의 친구도 배짱이 맞는 사람들끼리 모입니다. 생각과 지향하는 가치관이 유사한 사람들끼리 함께 하기를 좋아합니다.

파란색으로 머리를 염색한 남자는 빨간색으로 머리를 염색한 여자가 마음에 끌립니다. 술을 좋아하는 사람은 술을 함께 마실 수 있는 사람끼리 어울립니다. 마찬가지로 미혹 된 영을 가진 사람, 삶이 거룩하지 않은 교인은 거짓 목사를 좋게 여깁니다.

객관적으로나 이성적으로나 논리적으로 보면 그 목사는 거짓 목사가 분명합니다. 그러나 영의 세계는 이성적인 판단 위에 있습니다. 영은 이성이 판단하기 전에 무의식 중에 먼저 판단합니다. 그러므로 미혹된 사람은 영이 먼저 그 목사가 거짓 목사가 아니라고 잘못 판단합니다. 그리하여 거짓 목사를 좋게 여기는 것입니다.

이 때에 이성적인 판단은 무력화 됩니다. 그 사람이 거짓 목사라는 사실을 논리와 사실을 근거로 설명하여도 듣지 않습니다. 이것이 미혹의 무서운 점입니다.

영적인 일은 영적인 것으로 분별됩니다. 고린도전서 2장 13절, 14절을 보겠습니다.

"우리가 이것을 말하거니와 사람의 지혜가 가르친 말로 아니하고 오직 성령께서 가르치신 것으로 하니 영적인 일은 영적인 것으로 분별하느니라"
"육에 속한 사람은 하나님의 성령의 일들을 받지 아니하나니 이는 그것들이 그에게는 어리석게 보임이요, 또 그는 그것들을 알 수도 없나니 그러한 일은 영적으로 분별되기 때문이라" (고전 2:13-14).

육에 속한 사람은 영적인 것을 분별하지 못합니다. 거짓 목사의 공통적인 특징이 돈을 사랑하는 것이며 돈을 사랑하는 사람은 육에 속한 자입니다. 그러나 이들은 영에 속한 자처럼 꾸미고 있으며 가면을 쓰고 있습니다. 늑대가 양의 탈을 쓰고 있으면 사람들은 속습니다. 늑대가 기사와 이적의 탈을 쓰고 속입니다.

그러나 주의 깊게 보면 늑대의 꼬리를 볼 수 있습니다. 꼬리를 보는 방법은 성경 말씀에 비추어 보는 것입니다. 이들의 미혹에 속지 않으려면 성경을 알아야 합니다. 그리고 그대로 행하는 거룩한 삶을 살아야 합니다. 그럴 때에 성령이 여러분에게 영감을 주어 사탄의 활동을 하는 거짓 목사들을 분별할 수 있도록 도웁니다.

마지막 때에는 거짓 교사들의 미혹이 점점 더 심화됩니다. 그러니 여러분은 깨어 있어야 합니다. 말씀과 기도 안에서 깨어 있어야 합니다. 우는 사자의 밥이 되지 않기 위한 수단의 가장 중요한 두 가지가 말씀과 기도입니다. 베드로전서 5장 8절, 9절을 보겠습니다.

"근신하라 깨어라 너희 대적 마귀가 우는 사자 같이 두루 다니며 삼킬 자를 찾나니" "너희는 믿음을 굳건하게 하여 그를 대적하라 이는 세상에 있는 너희 형제들도 동일한 고난을 당하는 줄을 앎이라" (벧전 5:8-9).

대적 마귀가 세계 각국에서 몰려오고 있습니다. 한국을 두루 다니며 삼킬 자를 찾고 있습니다. 몇 년 전에는 신디 제이콥스와 몇 사람의 외국 목사들이 그룹으로 와서 집회를 하였습니다. 그 집회는 입장료를 받았고 신디 제이콥의 헌금 광고로 시작되었습니다. 이 거짓 여자 목사는 헌금 봉투를 흔들며 헌금을 많이 하고 복을 받으라고 호소하였습니다.

우는 사자 중에는 수컷도 있고 암컷도 있습니다. 많은 한국 교인들이 이 암사자를 열광적으로 환영하였고 기도 받기를 원했고 그의 발 앞에 돈 봉투를 바쳤습니다. 이 한국 교인들은 미혹된 것입니다. 하나님이 미혹에 빠지게 버려 둔 것입니다. 이들은 우는 암사자와 대적하여 싸우지 못하였습니다. 적을 아군으로 안 것입니다. 성경은 이러한 자들은 결국 멸망하게 된다고 말씀합니다.

이 외에도 한국에는 외국의 유명한 목사들이 자주 들어옵니다. 이들 대부분이 거짓 목사들입니다. 한국 교인들은 단지 이들이 유명하다는 이유로 집회에 참석하고 있습니다. 병을 낫게 하는 사람, 예언이 성취되었다고 자랑하는 사람들을 만나서 기적을 보고 체험하려고 합니다. 이들은 이러한 거짓 목사들의 집회에 참석하는 것이 멸망받을 죄인 줄 모릅니다.

하나님은 여러분 스스로 기도할 때에도 치료합니다. 교회 안의 치유의 은사를 받은 성도나 목사의 기도로도 치유의 기적을 베풉니다. 성령을 받은 사람들은 방언과 예언의 은사가 있습니다. 그러므로 교회 안에서 치유도 예언도 받을 수 있습니다.

이렇게 하는 것은 건강하고 성경적인 믿음 생활입니다. 왜냐하면 하나님은 교회를 통하여 역사하기 때문입니다. 그러므로 여러분은 교회 외의 다른 집회에 참석할 이유가 없습니다.

자신이 섬기는 교회의 목사에게서 영적인 갈급함을 채우지 못하면 그 사람은 그 교회를 떠나야 합니다. 왜냐하면 그 목사는 양을 제대로 먹이지 못하기 때문입니다. 그러나 목자가 양을 바르게 양육하고 있음에도 다른 곳을 기웃거린다면 그 사람은 문제가 있습니다. 이러한 사람은 미혹된 것입니다.

이상으로 이적과 기사를 쫓아다니는 것이 건강한 믿음 생활이 아니라는 사실을 설명하였습니다. 유명한 목사들이 보여주는 이적과 기사가 미혹이라는 사실에 대하여도 살펴보았습니다. 실제 인물들을 예를 들어 거짓 목사의 행태도 살펴보았습니다.

이제부터는 이러한 이적과 기사, 예언을 수단으로 사람들을 미혹하는 거짓 목사에게 속지 않을 지혜에 대하여 간략히 나누겠습니다.

첫째, 국내외를 막론하고 유명하다고 소문이 난 사람의 집회에는 참석하지 마십시오. 이들은 사람들이 모두 칭찬하므로 거짓 목사일 가능성이 매우 높습니다.

둘째, 어떤 집회이든지 입장료나 돈을 요구하면 가지 마십시오. 그들은 삯꾼들입니다. 그들이 가진 것은 주님에게서 온 것이 아니므로 돈을 받고 파는 것입니다. 주님은 거저 받았으니 거저 주라고 했습니다.

셋째, 모르는 사람들이 모이는 기도 모임에 참여하지 마십시오. 여러분은 그 사람들이 누구인지 모릅니다. 그 사람들의 영이 하나님께 속해 있는지 알 수 없습니다. 함께 기도하기 원하면 한 성령 안에 있는 아는 지체들끼리 모여 기도하십시오.

넷째, 여러분의 목사가 참 목사인지를 시험하십시오. 성경을 바르게 가르치고 예수처럼 사는지 보십시오. 목사의 설교가 여러분의 영과 혼을 만지어 성화 시키는지 점검하십시오.

다섯째, 참 목자를 만나고 그 교회 안에서만 믿음 생활을 하십시오. 교회 안에서 병을 치유하고 예언을 주고 받고 무엇이든지 간구하고 기적도 구하십시오. 참 목자의 교회 안에는 성도들이 예수의 이름으로 구하여 이루지 못할 것이 없습니다.

이상으로 이적과 기사와 예언으로 미혹하는 거짓 종들에게 속아 멸망 받지 않을 지혜에 대하여 간략히 살펴보았습니다. 행하기에 특별히 어려운 것이 없습니다. 참 목자를 만나서 교회 안에서 같은 영을 가진 성도들과 함께 기도하고 예배하고 찬송하는 것입니다. 이것이 미혹을 받지 않는 지혜입니다.

지금은 교회 안팎으로 거짓 교사들이 창궐하고 있습니다. 우는 사자들이 여기 저기에서 으르렁거리는 마지막 때입니다. 사탄은 택한 백성조차도 미혹하려 발악하고 있습니다. 이제 미혹되면 돌아오기 어렵습니다. 계속 미혹된 채 믿음 생활을 한다며 더 이상 돌아올 기회가 없을지 모릅니다. 왜냐하면 하나님이 미혹에 버려 두기 때문입니다. 심판 받게 할 것이기 때문입니다.

영혼을 경성하기 위한 지혜와 지식이 필요합니다. 근신하며 기도로 깨어 있고 말씀대로 행하십시오. 거룩한 삶을 사십시오. 그리하여 미혹에 빠지지 않고 모두 구원받기를 예수 그리스도의 이름으로 축복합니다.

2
한국의 거짓 선지자

"예수께서 감람 산 위에 앉으셨을 때에 제자들이 조용히 와서 이르되 우리에게 이르소서 어느 때에 이런 일이 있겠사오며 또 주의 임하심과 세상 끝에는 무슨 징조가 있사오리이까""예수께서 대답하여 이르시되 너희가 사람의 미혹을 받지 않도록 주의하라"(마태복음 24:3-4).
"거짓 선지자가 많이 일어나 많은 사람을 미혹하겠으며"(마태복음 24:11).

　말세의 징조 중에 첫 번째가 거짓 주의 종들이 많이 나와서 많은 사람들을 미혹하는 것입니다. 지금의 세상이 그러한 현상을 보이고 있습니다. 거짓 주의 종들의 사명은 교인들을 지옥으로 끌고 가는 것입니다. 사탄도 때가 찬 줄을 알고 한 명이라도 더 지옥으로 끌고 가기 위하여 거짓 목사들을 많이 일으키고 있습니다.

　참 목사보다 거짓 목사들이 훨씬 많은 것은 구약의 때에나 예수님의 때에나 현대에나 변함이 없습니다. 구약의 때에 거짓 목사가 많았다는 것은 선지자 엘리야가 상대하여 싸운 거짓 선지자가 850명이었다는 사실에서 알 수 있습니다. 예수님의 때에 거짓 교사가 많았다는 것은 그 당시의 모든 바리새인과 서기관들이 예수를 대적하였는 사실에서 알 수 있습니다.

이러한 역사적인 사실과 말세에 거짓 목사들이 많이 일어날 것이라는 예수님의 예언을 미루어 보건대 현대의 교회 안에는 구약의 때나 예수님의 때보다 더 많은 거짓 목사들이 있을 것이라고 쉽게 추정할 수 있습니다.

또한 한국의 지도자 반열에 있는 목사들 중에 많은 사람들이 간음과 도둑질의 죄를 짓고 공산주의 사상에 물들어 있다는 사실도 한국의 교회들이 거짓 목사들에 의해 점령되어 있다는 것을 증명합니다.

대표적으로 타락한 한국의 목사들 몇 사람을 살펴보겠습니다.

하나, 순복음 교회의 조용기입니다. 이 사람은 하나님의 헌물을 도둑질 하여 재벌이 되었고 간음죄를 범하였습니다.

둘, 명성 교회의 김삼환입니다. WCC의 수장으로서 한국 교회의 배도를 주도하였습니다. 돈 문제 세습 문제로 부정한 자입니다.

셋, 사랑의 교회 오정현입니다. 돈 문제, 허위 학력과 논문 표절 문제 등 거짓말을 입에 달고 사는 사람입니다.

넷, 연세중앙 교회의 윤석전입니다. 베리칩을 짐승의 표가 아니라고 미혹하는 대표적인 거짓 목사입니다. 입이 더럽고 무식하고 교만합니다.

다섯, 순복음교회 이영훈입니다. 박근혜 대통령 불법 탄핵을 지지하였고 북한에 돈을 바치는 빨갱이입니다.

여섯, 새에덴 교회의 소강석입니다. 김일성 동상 앞에서 절을 한 자이며 뿌리까지 빨갱이입니다.

일곱, 분당우리 교회의 이찬수입니다. 문재인에게 투표하라고 하였고 골수 좌파 목사들과 만 연합하는 빨갱이입니다. 동성연애를 지지하는 부목사를 옹호하기도 하였습니다.

여덟, 선한목자 교회의 유기성입니다. 배도의 단체인 WCC가 좋은 단체라고 말하고 준비위원으로 일한 사람입니다. 보수와 진보의 논리로 교묘하게 믿는 자들을 속이는 자입니다. 민중신학, 해방신학도 좋게 여기는 빨갱이입니다.

아홉, 금란 교회의 김홍도입니다. 간통하였습니다. 돈과 여자 문제로 수시로 법정을 다니는 사람입니다.

열, 소망 교회의 곽선희입니다. 헌금을 도둑질하고 간통하였습니다.

열 하나, 중앙성결 교회의 이복렬입니다. 자신의 교회 전도사와 간통하였습니다.

열 둘, 경향 교회의 석원태입니다. 여러 사람과 상습적인 간음죄를 범하였습니다.

이상의 열 두 거짓 목사의 특징은 모두 유명하다는 것입니다. 한국 기독교의 리더들입니다. 많은 사람들이 좋게 여기면 거짓 목사라는 성경 말씀이 응하는 자들입니다. 윗물이 흐리면 아랫물도 흐립니다. 그러므로 이들의 영향권 아래에 있는 교단과 교회의 목사들도 이들과 별로 다르지 않을 것입니다.

한국에는 두 부류의 거짓 목사들이 있는 것입니다. 하나는 유명한 거짓 목사이고 다른 하나는 무명한 거짓 목사들입니다. 여러분의 교회의 담임목사는 어느 부류에 속합니까? 어느 부류에도 속하지 않는 복이 있기를 소망합니다.

최근에 급부상한 한 거짓 목사가 있습니다. 이 사람은 스스로를 선지자라고 부릅니다. 외국에는 선지자라고 불리는 사람들이 꽤 있습니다. 그러나 한국에서는 내가 아는 한 유일한 자칭 선지자입니다. 불과 수개월 만에 유명해졌고 많은 사람들이 이 사람을 좋게 여기며 따르고 있습니다.

이 사람은 얼마 전에 법을 어기어 검찰에서 기소를 하였고 법원에서 구속을 명하여 한동안 감옥에 갇혔습니다. 이 사람의 이름은 전광훈입니다. 전광훈을 따르는 사람들은 크게 두 부류입니다. 하나는 예수를 믿는 우파 보수주의자들이고 다른 하나는 예수를 믿지 않는 보수 우파 시민들입니다.

예수를 믿지 않는 사람들은 목사를 거의 따르지 않습니다. 오히려 목사를 싫어하는 경향이 있습니다. 그럼에도 믿지 않는 자들이 전광훈을 따르는 이유는 한 가지입니다. 그것은 전광훈이 빨갱이 문재인을 대항하여 정치 투쟁을 하기 때문입니다. 적이 같으므로 동지로 여기어 따르는 것입니다.

예수를 믿는 사람들이 전광훈을 따르는 이유도 믿지 않는 자들과 유사합니다. 전광훈이 드러내어 문재인과 싸우는 목사이기 때문입니다. 목사로서 좌파 정권과 정치투쟁을 하는 것을 좋게 여기기 때문에 그를 따르는 것입니다.

그러나 예수를 믿는 사람들 중에도 많은 사람들이 전광훈 때문에 시험에 들어 있습니다. 이들이 시험에 든 이유는 첫째, 목사로서 언행이 거룩하지 않은 것이고 둘째는 목사의 직분에 맞지 않게 과도한 정치활동을 하기 때문입니다. 이러한 이유로 어떤 사람들은 전광훈을 따라야 할 지 멀리해야 할 지 판단이 서지 않아 혼란스러워 하는 사람들도 많습니다.

이러한 사람들을 위하여 전광훈이 어떤 사람인지에 대한 분별을 해드리겠습니다.

첫째, 전광훈은 하나님의 이름을 망령되게 일컬었습니다. 하나님을 욕하며 저주를 한 전광훈은 십계명 중에 세 번째 계명을 어긴 것입니다. 거룩하지 않은 불로 제사를 지냈던 나답과 아비후를 불을 내려 즉사하게 하였고 하나님을 저주한 단 지파의 어떤 사람은 돌에 맞아 죽는 벌을 받았습니다. 전광훈은 이러한 죽을 죄를 지을 정도로 악한 거짓 목사입니다.

둘째, 전광훈은 입이 더럽습니다. 성경은 마음에 가득한 것을 입으로 말한다고 합니다. 전광훈은 마음에 더러운 것이 가득하므로 더러운 욕을 하는 것입니다. 주의 종은 자신도 거룩해야 할 뿐더러 사람들에게 거룩함을 가르치는 사명까지 부여 받은 자입니다. 그러므로 참 목사라면 도저히 그러한 더러운 말을 한다는 것은 상상도 할 수 없는 것입니다. 그러므로 말이 거룩하지 않은 전광훈은 거짓 목사입니다.

셋째, 전광훈은 회개하지 않는 교만한 자입니다. 하나님은 여러 사람들을 통하여 더러운 말을 하지 말도록 전광훈에게 경고하였습니다. 김동길 교수도, 김문수 지사도, 언론도, 그 외의 여러 사람들도 전광훈에게 욕을 입에 담지 말 것을 권고하였습니다.

그럼에도 불구하고 전광훈은 회개하고 돌이키지 않았습니다. 하나님을 욕하고 저주한 것 조차도 회개하지 않고 변명만 늘어 놓았습니다. 죄를 지적 받고도 고집으로 회개하지 않는 전광훈은 거짓 목사입니다.

넷째, 전광훈은 목사로서 많은 사람들을 실족하게 하였습니다. 목사로서 욕을 하고 폭력적인 언어로 선동을 함으로써 믿는 자들 중에 실족한 자가 많습니다. 성경은 믿는 자를 실족하게 하는 자는 차라리 연자 맷돌이 그 목에 매여 바다에 던져지는 것이 나으리라고 하였습니다. 그러니 전광훈은 바다에 빠져 죽임 당할 정도의 큰 죄를 지은 거짓 목사입니다.

다섯째, 전광훈은 주의 종의 본분에 맞지 않는 일에 열중하고 있습니다. 성경은 주의 종이 해야 할 일을 명확하게 정해 놓았습니다. 주의 종은 기도와 말씀 사역에만 전무하라고 가르칩니다. 그러나 전광훈은 목사의 사명이 아닌 정치적인 투쟁과 선동에 전념하고 있습니다. 그러니 목사의 본분에 전념하지 않는 전광훈은 거짓 목사입니다.

여섯째, 전광훈은 영 분별을 못합니다. 외국의 거짓 목사들을 좋은 사람으로 소개하였습니다. 전광훈은 미국의 노먼 빈센트 필 목사를 칭찬하였는데 그 이유는 긍정적인 사고에 대한 책을 쓰고 가르쳤기 때문입니다.

조용기가 그의 영향을 받아서 성공적인 목회를 하게 되었고 조용기는 또 다른 미국 목사인 릭 워렌과 로버트 슐러 목사에게 영향을 끼쳤다고 말하였습니다. 자신도 어렸을 때에 이러한 이론을 듣고 자신의 인생이 바뀌었다고 고백하였습니다.

그러나 전광훈이 좋게 여기는 긍정적인 사고에 관한 이론은 전혀 성경적이지 않습니다. 이 이론을 쉽게 설명하면 누구든지 큰 집을 소유할 수 있다고 긍정적으로 생각하면서 기도하면 반드시 그러한 집을 소유하게 된다는 이론입니다. 이러한 생각과 기도는 인간의 탐심을 타고 사탄이 역사를 한 것이며 영혼을 멸망으로 인도하는 것입니다.

긍정적인 사고의 이론은 탐심으로 귀신과 접속하게 하는 매우 위험한 것입니다. 그러므로 이러한 마귀 사상을 좋게 여기고 평생을 살아온 전광훈의 영이 온전할 리가 없습니다. 그러니 거짓 목사들을 좋게 여기는 것이며 거짓 목사를 좋게 여기는 전광훈도 거짓 목사인 것입니다.

일곱째, 전광훈은 생각하는 모든 것이 간사합니다. 한 때 자신과 뜻을 함께하였던 사람이 다른 길을 선택하여 가면 전광훈은 그 사람을 즉시로 비난합니다. 그리고 배신자라고 부릅니다. 이영훈이 배신하였고, 황교안 대표가 배신하였고, 김문수 지사가 배신하였고, 노태정 전도사가 배신하였다고 합니다.

이 설교를 들은 많은 사람들이 전광훈에게서 돌아서게 될 터인데 그렇다면 이들도 모두 전광훈에게는 배신자가 되는 것입니다. 한 두 사람이 배신을 하면 배신을 한 사람이 문제가 있다고 할 수 있습니다. 그러나 이처럼 많은 사람이 등을 돌린다면 배신 당하는 사람이 문제가 있는 것이 아니겠습니까?

이처럼 독선적이고 교만하며 무례하기까지 한 사람이 참 목사이겠습니까? 주의 종 행세를 하며, 자칭 선지자라고 부르며 하나님의 이름을 더럽히는 전광훈이야 말로 하나님을 배신하는 거짓 선지자가 아니겠습니까?

그러니 이 설교를 접하는 분들은 전광훈이 감옥에 갇혀 있든지 풀려나오든지 그의 말을 듣지 마십시오. 목회를 하든지 정치를 하든지 그를 믿지 마십시오. 전광훈은 한국의 정치를 영적으로 분별하지 못하는 많은 믿는 자들을 미혹하고 있습니다. 정치에 관심이 많은 교인들이 속고 있습니다.

전광훈은 앞에 언급한 거짓 목사 열두 명을 합한 것보다 더 악합니다. 왜냐하면 믿는 자와 믿지 않는 자를 함께 미혹하기 때문입니다. 전광훈은 마지막 때에 대한민국에 특별한 사명을 받고 파견된 사탄의 종입니다. 마지막 때에 거짓 선지자가 일어나 많은 사람을 미혹할 것이라는 말씀이 전광훈에게 응한다는 것을 깨닫는 사람은 복이 있을 것입니다.

3
여자 마귀들

"여자는 일체 순종함으로 조용히 배우라" "여자가 가르치는 것과 남
자를 주관하는 것을 허락하지 아니하노니 오직 조용할지니라" "이
는 아담이 먼저 지음을 받고 하와가 그 후며" "아담이 속은 것이 아
니고 여자가 속아 죄에 빠졌음이라" (디모데전서 2:11-14).
"그러나 나는 너희가 알기를 원하노니 각 남자의 머리는 그리스도요
여자의 머리는 남자요 그리스도의 머리는 하나님이시라" (고린도전
서 11:3).

　하나님이 태초에 천지를 창조하였습니다. 지구와 해와 달, 별들을
지었습니다. 지구 위에는 많은 생물을 창조하여 번성하게 하였습니
다. 하나님은 이처럼 수많은 피조물을 창조하였는데 모든 것이 조화
롭고 질서가 있습니다.

　해와 달과 지구가 일정한 궤도를 그리며 매우 빠르게 움직여도 서
로 부딪히지 않습니다. 수많은 별들이 하늘에 있지만 지구로 떨어지
지 않고 서로 충돌하지 않습니다. 사람들은 이러한 우주의 원리를
과학적인 방법으로 설명하고 많은 법칙과 공식을 적용합니다.

　그러나 성경은 만물이 질서 있게 돌아가는 이유를 다르게 설명합
니다. 히브리서 1장 3절을 보겠습니다.

"이는 하나님의 영광의 광채시요 그 본체의 형상이시라 그의 능력의 말씀으로 만물을 붙드시며 죄를 정결하게 하는 일을 하시고 높은 곳에 계신 지극히 크신 이의 우편에 앉으셨느니라" (히 1:3).

이 구절에서 주목하려는 것은 "그의 능력의 말씀으로 만물을 붙드시며"라는 부분입니다. 하나님이 세상 만물을 그의 말씀으로 붙들고 있으므로 혼돈하지 않고 질서 있게 움직이는 것입니다. 별이 떨어지지 않는 것, 사람이 공중으로 올라가지 않는 것, 물체가 부서지거나 해체되지 않는 것, 바닷물이 육지로 넘어오지 않는 것은 하나님이 그렇게 명령해 놓았기 때문입니다.

욥기 38장 8절에서 11절까지를 보겠습니다.

"바다가 그 모태에서 터져 나올 때에 문으로 그것을 가둔 자가 누구냐" "그 때에 내가 구름으로 그 옷을 만들고 흑암으로 그 강보를 만들고" "한계를 정하여 문빗장을 지르고" "이르기를 네가 여기까지 오고 더 넘어가지 못하리니 네 높은 파도가 여기서 그칠지니라 하였노라" (욥 38:8-11).

바닷물이 육지로 넘어오지 않는 이유는 하나님이 한계를 정하여 명령해 놓았기 때문입니다. 파도에게 모래 있는 곳까지 만 가고 더 이상 넘어가지 말라고 명하여 놓은 것입니다. 만약에 파도가 육지 위로 올라오거나 별들이 지구에 수시로 부딪힌다면 지구는 매우 혼란하게 될 것입니다. 하나님은 그의 능력의 말씀으로 세상만물의 질서를 유지하고 있습니다.

질서 있게 세상을 창조한 하나님은 인간들도 질서를 지키며 살아가기를 원합니다. 하나님의 계명은 물론 세상의 법과 제도들도 세상의 질서를 지키기 위한 지침입니다. 성경은 믿음 생활도 질서 있게 하라고 당부합니다. 골로새서 2장 5절과 고린도전서 14장 39절, 40절을 보겠습니다.

"이는 내가 육신으로는 떠나 있으나 심령으로는 너희와 함께 있어 너희가 질서 있게 행함과 그리스도를 믿는 너희 믿음이 굳건한 것을 기쁘게 봄이라"(골 2:5).
"그런즉 내 형제들아 예언하기를 사모하며 방언 말하기를 금하지 말라"
"모든 것을 품위 있게 하고 질서 있게 하라"(고전 14:39-40).

이처럼 여호와 하나님은 질서의 하나님입니다. 만물을 질서 있게 창조하고 인간들이 질서를 지키며 살도록 섭리하고 있습니다.

이러한 질서의 하나님은 또 다른 한 가지 질서에 대하여 말씀합니다. 그것은 위계질서입니다. 상명하복의 질서입니다. 위계질서도 다른 질서와 마찬가지로 지켜지지 않으면 혼란을 가져옵니다. 조직에 혼란이 오고 교회 안에 혼란이 오고 영적으로도 혼란스럽게 됩니다.

위계질서는 다른 말로 표현하면 권위에 대한 순종입니다. 가장 높은 권위는 하나님입니다. 세상에도 권위의 종류가 있습니다. 사람들은 이러한 권위들에게 복종해야 하며 그러할 때에 질서가 서며 혼란이 없습니다.

하나님은 권위에 순종하는 법을 매우 엄격하게 적용하여 권위에 불순종하면 사형에 처하기도 합니다. 이것은 하나님의 법이나 세상 법이 마찬가지입니다.

로마서 13장 1절과 디도서 3장 1절을 보겠습니다.

"사람은 위에 있는 권세들에게 복종하라 권세는 하나님으로부터 나지 않음이 없나니 모든 권세는 다 하나님께서 정하신 바라"(롬 13:1).

"너는 그들로 하여금 통치자들과 권세 잡은 자들에게 복종하며 순종하며 모든 선한 일 행하기를 준비하게 하며"(딛 3:1).

세상의 법으로 주어진 권위도 모두 하나님이 정하였으므로 복종하고 순종하라고 말씀합니다. 세상에 위계질서를 세우려는 것입니다. 이 같은 통치자의 권위 외에도 지켜야 할 권위들이 있습니다. 그들은 부모, 남편, 목사, 교사, 상사들입니다.

부모의 권위에 대한 순종도 매우 엄격하여 십계명의 다섯 번째 계명으로 정해 놓았습니다. 부모에게 패역하게 하는 자식은 죽이라고 할 정도로 엄하게 법을 만들었습니다. 남편의 아내에 대한 권위도 그리스도가 교회에 갖고 있는 권위에 비유할 정도로 절대적인 권위를 갖습니다. 이처럼 부모나 남편에 대한 복종을 엄격하게 가르치는 이유도 가정의 질서를 세우기 위한 것입니다.

히브리서 13장 17절을 보겠습니다.

"너희를 인도하는 자들에게 순종하고 복종하라 그들은 너희 영혼을 위하여 경성하기를 자신들이 청산할 자인 것 같이 하느니라 그들로 하여금 즐

거움으로 이것을 하게 하고 근심으로 하게 하지 말라 그렇지 않으면 너희
에게 유익이 없느니라" (히 13:17).

이 구절은 영적 권위에 대한 복종을 말씀합니다. 영적 권위는 사
도, 선지자, 목사들로서 이들이 권위를 갖는 이유는 하나님의 말씀
을 맡은 자로 기름 부음을 받았기 때문입니다. 이들은 배우는 자들
의 영혼 구원을 위하여 쓰임 받는 특별한 사람들로서 매우 중요한
권위입니다. 이들에게 순종할 때에 바른 믿음 생활을 할 수 있으며
교회 안에도 질서가 잡힙니다.

이상으로 세상의 권위들의 예를 들어 그들의 권위에 복종하는 것
이 궁극적으로 세상을 평안하고 질서 있게 하는 수단이 된다는 사실
과 하나님이 그러한 위계질서를 세우는 것을 매우 엄격하게 다룬다
는 사실에 대하여 살펴보았습니다.

지금부터는 또 다른 한 가지의 권위와 그 권위 아래에 있는 사람
과의 관계에 대하여 살펴보겠습니다. 이 권위는 매우 중요한 것인데
사람들이 잘 인식하지 못하거나 교회 안에서 잘 가르치지 않는 것입
니다. 그것은 남자의 여자에 대한 권위입니다. 두 번째 본문 말씀인
고린도전서 11장 3절을 보겠습니다.

"그러나 나는 너희가 알기를 원하노니 각 남자의 머리는 그리스도요 여자
의 머리는 남자요 그리스도의 머리는 하나님이시라" (고린도전서 11:3).

이 구절에는 위계질서의 하나님이 매우 간략하고 확고하게 계급

을 정해 놓았습니다. 높은 순서대로 하면 하나님, 예수님, 남자, 여자입니다. 여기에는 분명히 남자가 여자의 권위인 것을 말씀하고 있습니다. 이 권위는 성인의 경우에 해당하는 것이며 나이와는 상관없는 것입니다.

여자의 나이가 더 많더라도 청년 남자가 교회 안에서는 더 높은 권위를 가집니다. 그렇다고 젊은 청년이 노인을 함부로 할 수 있다는 의미는 아닙니다. 여자는 나이가 많더라도 교회 안에서 남자 교인이 포함 된 조직의 리더나 교사의 직분을 갖지 못한다는 것입니다.

본문 말씀 중 디모데전서 2장 11절, 12절을 보겠습니다.

"여자는 일체 순종함으로 조용히 배우라" "여자가 가르치는 것과 남자를 주관하는 것을 허락하지 아니하노니 오직 조용할지니라" (딤전 2:11-12).

여자가 남자를 가르치는 것과 주관하는 것을 허용하지 않습니다. 가르치는 것을 금하는 이유는 가르치는 자는 배우는 자의 권위가 되기 때문입니다. 이 가르침은 성경 공부에 관한 것이지만 다른 종류의 가르침도 예외가 아닙니다.

남자를 주관하는 것이 허락되지 않는다는 것은 여자가 남자의 권위가 되는 직급이나 직분을 갖지 못한다는 의미입니다. 여자는 오직 조용히 순종하라는 말씀은 교회 안에서 여자가 남자의 권위가 될 수 없다는 것을 강조하는 표현입니다. 실제로 아무 말도 하지 말라는 의미는 아닙니다.

그렇다면 이러한 사실을 한국의 교회에 적용해보겠습니다. 한국에는 여자 목사들이 목회를 합니다. 목회를 한다는 것은 설교하고 성경을 가르치면서 모든 교인들의 권위가 되는 것입니다. 교인들 중에는 당연히 성인 남자들도 있을 것입니다.

그렇다면 여자 목사는 남자를 가르치거나 주관하지 말라는 하나님의 말씀을 어기는 것입니다. 이렇게 하는 것은 하나님이 세운 위계질서를 깨뜨리는 것이며 질서의 하나님을 부인하는 것입니다.

그렇다면 이러한 성경 말씀이 살아있음에도 불구하고 왜 많은 여자들이 목사가 되어 설교하고 있는 것이겠습니까? 그 이유는 한 가지 입니다. 성경을 몰라서 입니다. 성경을 억지로 풀기 때문에 그런 것입니다.

짧은 본문 말씀만 읽어도 여자가 목사를 할 수 없다는 사실을 깨닫는 것은 너무 쉽습니다. 어린 아이도 알 수 있을 정도입니다. 그런데 이처럼 쉬운 성경 구절도 옳게 해석하지 못한다면 다른 성경은 어떻게 바르게 풀 수 있겠습니까?

여자 목사들의 설교에 나타나는 중요한 특징이 하나 있습니다. 그것은 성경을 틀리게 해석하는 것입니다. 심지어는 간단하고 쉬운 구절도 잘못 풀기 일쑤입니다. 이것은 나의 경험이기도 하고 논리적이기도 하고 하나님의 섭리이기도 합니다.

나의 경험이라 함은 여자 목사들이 성경을 잘 못 풀며 설교하는 것을 많이 접한 적이 있다는 것입니다. 논리적이라 함은 여자가 목사가 될 수 없다는 성경 구절조차도 해석을 바르게 못한다면 다른 성경 구절도 틀리게 풀 수밖에 없다는 것입니다.

하나님의 섭리라고 함은 여자가 남자를 가르치거나 주관하지 말라는 계명에 불순종 하는 사람에게 하나님이 성경을 풀어 가르치는 지혜를 주지 않을 것이라는 뜻입니다.

하나님은 여자가 목사가 됨을 허락하지 않습니다. 그러므로 여자를 목사로 콜링하지 않습니다. 하나님의 콜링 없이 스스로 목사가 된 사람들은 가짜입니다. 이렇게 삼단 논법을 적용하면 여자 목사는 모두 거짓 목사라는 결론이 나옵니다. 이것은 논리적이며 동시에 성경적인 결론입니다.

신학교에서는 여자의 목사 안수 문제를 주제로 공부합니다. 각자의 의견을 써서 제출합니다. 두 사람의 상반 되는 의견을 가진 대표 연사를 세워 여자 목사 안수가 성경적인지 아닌 지에 대한 공개 토론을 하기도 합니다. 여자의 목사 안수는 신학교 내에서도 두 의견이 대립하는 주제입니다.

이 주제와 관련하여 학교에서 경험한 것을 잠시 나누겠습니다. 여자 목사의 안수가 성경적이지 않다고 주장을 하는 사람과 성경적이라고 주장하는 사람의 공개 토론이 수업 중에 있었습니다. 한 사람은 미국인 남자 목사였고 한 사람은 미국인 여자였는데 이 사람이 목사였는 지에 대한 기억은 분명하지 않습니다.

여자 목사 안수가 틀린 것이라고 주장하는 사람은 그와 관련한 성경 구절들을 인용하여 성경적이고 논리적으로 설명을 잘 하였습니다. 그가 인용한 성경 구절들 중에는 이 설교의 본문 말씀으로 인용한 구절도 포함되어 있었습니다. 그가 설파한 내용이 모두 기억나지는 않지만 그 당시 그 사람의 발표를 들으면서 여자 목사 안수가 성경적이지 않다는 것에 대한 완벽한 논증이라고 느꼈던 기억이 있습니다.

그에 비해 여자 목사 안수가 성경적이라고 주장을 한 사람의 발표 내용은 매우 간단하면서도 몹시 빈약한 것이었습니다. 그 내용은 대략 이렇습니다.

첫째, 성경 역사에는 여자인 드보라가 사사로서 이스라엘의 리더로 세워진 적이 있다는 사실입니다. 그러므로 여자도 교회의 리더인 목사가 될 수 있다는 주장이었습니다. 그 비유는 적절하지 않은 것입니다. 드보라는 선지자였습니다. 여자도 왕이나 대통령을 할 수 있습니다. 선지자도 할 수 있습니다. 그러나 남자를 가르치는 목사는 할 수 없습니다.

지금의 목사는 옛날의 직책에 비유하면 제사장에 가까운 것이며 성경은 여자를 제사장으로 세운 적이 없습니다. 그러므로 드보라가 사사이고 선지자였다는 사실이 있었다고 여자의 목사 안수가 성경적이라고 말하는 것은 논리에 맞지 않습니다.

둘째, 여자들 중에도 하나님이 목사로 콜링을 하는 경우가 있다는 주장입니다. 실제로 많은 여자들이 이렇게 말을 하며 목사 안수를 받고 있습니다. 그러나 이러한 개인적인 콜링은 잘 못 들었거나 미혹된 것입니다. 왜냐하면 하나님이 성경에 반한 말씀을 성령의 감동이나 꿈으로 말씀하지는 않을 것이기 때문입니다. 남자를 가르치지 말고 주관하지 말라고 한 하나님이 남자를 가르치고 주관해야 하는 목사로 부를 리 없습니다.

물론 여자도 주의 일을 풀타임으로 하는 사명을 받을 수는 있습니다. 그러나 그 일은 남자를 가르치고 주관하는 목사는 아닙니다.

선교사로 오지에서 전도를 하거나 사람들을 섬기는 일을 할 수 있습니다. 구제 사역을 풀타임으로 할 수 있습니다.

교회 안에서는 아이들을 가르치거나 여자들을 가르치는 일을 할 수 있습니다. 이러한 일에 콜링을 받을 수는 있을 것입니다. 그러니 여자들은 주의 종으로 부름을 받은 감동이 있을 때에 그것이 목사는 아니라는 사실을 알고 잘 분별해야 합니다.

셋째, 여자가 남자를 가르치거나 주관하지 못한다는 성경 말씀은 그 당시의 특정한 교회에게 준 말씀이라는 주장입니다. 이것도 성경을 억지로 푸는 것입니다. 성경은 진리입니다. 진리는 시대와 장소를 막론하고 동일하게 적용되는 것이고 변하지 않는 것입니다. 그러므로 여자가 남자를 가르칠 수 없고 주관 할 수 없다는 말씀은 고대에도 지금도 지켜져야 합니다.

이상으로 여자들이 목사가 될 수 있다고 주장하는 근거 세 가지에 대하여 살펴보았습니다. 성경적이지 않고 하나님의 말씀을 자기 마음대로 푼 것입니다. 다시 한번 말씀합니다. 여자는 목사가 될 수가 없습니다. 여자가 목사가 되는 것은 하나님의 질서를 깨뜨리는 것입니다. 여자가 목사가 되는 것은 창조질서, 위계질서, 영적질서를 파괴하는 것이며 미혹된 것입니다.

지금부터는 여자 목사와 관련하여 삶에 적용을 위한 말씀을 나누겠습니다.

첫째, 여자 목사의 교회를 섬기거나 여자 설교자의 설교를 듣는 사람들에게 당부하겠습니다. 그곳을 즉시 떠나십시오. 여자의 설교는 어떤 것이라도 듣지 마십시오. 이들은 하나님의 말씀에 불순종하는 자들입니다. 이들은 스스로 미혹되어 있으며 교인들의 영혼을 지옥으로 끌고 가는 거짓 목사들입니다.

어떤 사람들은 여자 목사라도 말씀이 좋으니 듣겠다고 합니다. 그러나 이렇게 말 하는 사람은 이미 미혹이 되어 있는 것입니다. 그리하여 거짓 목사의 설교가 좋게 여겨지는 지경까지 간 것입니다. 여러분이 그 여자 목사에게 어떠한 느낌과 감정을 가졌든지, 어떠한 특별한 관계를 갖고 있든지, 그 사람에게 신세를 졌든지 상관하지 말고 그 곳을 떠나십시오.

그 여자 목사가 여러분의 어머니라도 이모라도 고모라도 언니라도 누이라도 떠나십시오. 땅에서 의리를 지키다가 유황불로 떨어지는 것 보다 땅에서는 의리 없다고 손가락질을 받더라도 천국을 가는 편이 나을 것입니다.

유튜브로 여자의 설교를 듣지 마십시오. 여러분이 듣고 있는 어떤 인상 좋고 성품 좋고 인기 좋고 말씀 좋아 보이는 그 여자의 설교도 듣지 마십시오. 그 여자는 아마도 속이는 간계가 매우 탁월한 거짓 교사일 것입니다. 그러므로 많은 사람들이 좋게 여기는 것입니다. 거짓 교사의 설교는 듣기만 하여도 죄가 됩니다.

요즈음 미친 여자 설교자들이 많이 나타나고 있습니다. 마귀도 때가 찬 줄을 알고 발악하는 짓 중에 하나가 여자 설교자들을 이용하는 것입니다. 본문 말씀 중 디모데전서 2장 14절을 보겠습니다.

"아담이 속은 것이 아니고 여자가 속아 죄에 빠졌음이라" (딤전 2:14).

보통은 아담이 죄를 지었다고 표현하는데 이 구절은 하와가 뱀에게 먼저 속아 죄를 지었다고 합니다. 이 말씀에는 남자보다 여자가 더 잘 속는다는 의미가 있습니다. 그래서인지 말세가 되면서 마귀에게 속은 여자 목사들이 유난히 많아지고 있습니다. 1980년때까지만 하여도 여자 목사는 거의 없었습니다.

한국에서 활약하는 대표적인 여자 마귀 몇 사람을 살펴보겠습니다. 몇 년 전에 나타나 한국에 전쟁이 곧 날것이라며 사람들을 속이고 돈까지 갈취한 홍혜선이 있었습니다. 비슷한 시기에 휴거에 대하여 거짓으로 예언하던 천안 박권사도 있었습니다. 이들에게 속지 말것에 대하여는 오래 전에 당부한 바가 있습니다.

최근에는 정신이 이상해 보이는 어떤 여자가 인터넷으로 예배를 드리면서 사람들을 홀리고 있습니다. 이 여자는 설교를 통하여 황교안 대표를 저주하였습니다. 이 자의 주특기는 하나님이 직접 자신에게 말씀하였다는 것입니다. 전형적인 거짓 예언자입니다. 천안 박권사와 같은 종류의 마귀입니다. 이 자는 귀신하고 접속하거나 빨갱이들에게 사주를 받은 것으로 보입니다.

보통의 영감만 가진 사람이라면 이 사람의 모습을 볼 때 단번에 무당의 영을 느낄 수 있습니다. 스스로 귀신에게 속았든 빨갱이에게 매수되었든 이 여자는 마귀의 종 노릇하고 있는 것이니 여러분은 이 여자에게 속지 말고 인터넷에 접속도 하지 마십시오. 이 여자의 이름은 손선미입니다.

마지막으로 오랫동안 엄청난 수의 교인들을 지옥으로 끌고 가는 어떤 여자에 대하여 나누겠습니다. 이 사람은 목사나 전도사는 아닙니다. 평신도입니다. 얼마 전에는 장로가 되었습니다. 이 여자는 책을 집필하여 베스트 셀러가 되면서 더욱 유명해졌습니다. 그리고 크리스천들을 모아 강의를 하면서 그 수강료로 돈을 벌고 있습니다.

이 사람은 자신의 한 달 용돈은 천만원이고 수십만 원 하는 티셔츠를 사서 입는데 하나님이 그렇게 살도록 허락하였다고 자랑합니다. 그리고 자신의 강의를 잘 들으면 모두가 자기처럼 살 수 있다고 선전합니다.

이러한 광고를 듣거나 이 자의 책을 읽은 수많은 교인들은 그가 가르치는 것이 돈을 사랑하게 하고 탐심을 갖게 하여 결국 지옥으로 끌고 가는 사탄의 속임수 인 것도 모른 채 그의 강의를 듣고 있습니다.

이 여자의 이름은 김미진이고 그가 집필한 책의 제목은 "왕의 재정"입니다. 현존하는 책들 중에 이보다 더 강력하게 지옥으로 끌고 가는 책은 없습니다. 현존하는 여자들 중에 이 여자보다 더 많이 교인들을 지옥으로 끌고가는 자는 없을 것입니다.

이 책은 재물에 관하여 성경과 정 반대로 풀어 놓은 책입니다. 많이 벌어서 헌금도 하고 실컷 쓰면서 누리기도 하라고 가르칩니다. 그러나 성경은 재물에 관하여 첫째, 십일조와 헌물을 하고 둘째, 먹고 입는 것으로 족하고 셋째, 남는 것은 모두 가난한 자에게 주라고 가르칩니다. 다시 말하면 수입이 아무리 많아도 검소하게 살면서 가난한 자를 위하여, 하나님의 영광을 위한 용도로 물질을 사용하라고 가르치는 것입니다.

수입이 많다고 수십만 원 하는 티셔츠를 입는 것이 하나님의 영광을 위한 것입니까? 그것은 자신의 영광을 위한 것입니다. 천만 원이면 아프리카에서 굶어 죽어 가는 사람이 십 년을 살 수 있는 금액인데 이러한 큰 돈을 한 달 용돈으로 쓴다고 말하는 이 사람이 제 정신입니까?

이 여자는 돈을 많이 벌고 잘 관리하는 방법을 성경말씀과 세상 이론을 섞어 엉망으로 풀어놓았습니다. 대표적인 속임수 중에 하나가 헌금을 많이 할수록 돈이 많이 들어온다는 것입니다. 그래서인지 많은 목사들이 헌금이 늘어나기를 바라는 마음으로 김미진의 책을 교인들에게 추천하고 초대하여 직접 강의를 듣기도 합니다.

김미진은 사람들의 영혼이 돈에 팔리도록 주문을 거는 마귀입니다. 제단에서 몸을 파는 바알의 제사장입니다. 하나님과 재물을 함께 섬기는 음녀입니다. 이 큰 음녀의 책 "왕의 재정"은 불 살라져야 합니다. 그렇지 않으면 이 책을 읽은 영혼들이 지옥에서 불살라질 것입니다.

두 번째로 여자 목사와 설교자들에게 당부합니다. 콜링이라고 우기지 말고 목사직을 그만두십시오. 설교를 중단하십시오. 그동안 남자를 가르치고 주관했던 죄를 자복하고 회개하십시오. 그런 후에 회개에 합당한 열매를 맺으십시오.

교인들을 이익의 수단으로 삼아 쌓아 놓은 재산이 있다면 모두 돌려주십시오. 그리고 교회 안에서 조용히 근신하며 믿음 생활을 하십시오. 주방 봉사도 하고 사무일도 보고 유치부 선생도 하십시오. 남자를 가르치고 주관하는 일만 아니라면 어떤 일도 허락됩니다. 그리 할 때에 혹 사도행전 8장 22절 말씀이 응할지 누가 알겠습니까?

"그러므로 너의 이 악함을 회개하고 주께 기도하라 혹 마음에 품은 것을 사하여 주시리라" (행 8:22).

요즈음 손선미나 김미진처럼 수컷 마귀보다 더 지독한 암컷 마귀들이 두루 다니며 삼킬 자를 찾고 있다는 것을 명심하고 근신하며 깨어 있기를 우리 주 예수 그리스도의 이름으로 축복합니다.

4
기독교 이단 천주교

"또 일곱 대접을 가진 일곱 천사 중 하나가 와서 내게 말하여 이르되 이리로 오라 많은 물 위에 앉은 큰 음녀가 받을 심판을 네게 보이리라" "땅의 임금들도 그와 더불어 음행하였고 땅에 사는 자들도 그 음행의 포도주에 취하였다 하고" "곧 성령으로 나를 데리고 광야로 가니라 내가 보니 여자가 붉은 빛 짐승을 탔는데 그 짐승의 몸에 하나님을 모독하는 이름들이 가득하고 일곱 머리와 열 뿔이 있으며" "그 여자는 자주 빛과 붉은 빛 옷을 입고 금과 보석과 진주로 꾸미고 손에 금 잔을 가졌는데 가증한 물건과 그의 음행의 더러운 것들이 가득하더라" "그의 이마에 이름이 기록되었으니 비밀이라, 큰 바벨론이라, 땅의 음녀들과 가증한 것들의 어미라 하였더라" (요한계시록 17:1-5).

천주교는 기독교를 프로테스탄트라고 부르는데 이것은 반항하는 자들이라는 의미입니다. 또한 천주교는 기독교를 작은 집이라는 별명으로 부릅니다. 천주교가 이처럼 기독교를 반항하는 집단이나 자신의 작은 집으로 부르는 이유는 기독교를 천주교에서 파생된 한 분파로 보려는 시도 때문입니다.

이들은 기독교가 오백 년 전에 종교혁명을 통하여 천주교에 부당하게 항거하여 새롭게 만들어진 종교라고 주장합니다. 따라서 예수를 믿는 종교의 정통성이 기독교에 없고 천주교에 있으며 기독교는 천주교에 반항한 죄를 회개하라고 말하기도 합니다.

그러나 이들이 주장하는 기독교에 대한 역사는 사실이 아닙니다. 기독교는 오백 년 전 종교혁명으로 시작된 것이 아니라 예수님의 때에 이미 시작되었습니다. 그에 비해 천주교는 주님이 죽으신 지 삼백 년 이상 지난 후에 만들어진 종교입니다.

기독교가 흥왕해지자 로마 제국이 정치적인 목적으로 기독교의 흉내를 내어 만든 것이 천주교입니다. 천주교는 기독교라는 나무에서 가지를 쳐서 나온 것인데 오히려 자신이 나무이고 기독교는 가지라고 우기는 것입니다.

천주교의 영어 이름은 로만 가톨릭 (Roman Catholic)입니다. 가톨릭은 그리스어에서 온 말로 영어로는 유니버설 (Universal), 한국어로는 "전세계적인" 또는 "우주적인" 이라는 의미입니다. 그 앞에 로만 (Roman)이라는 단어가 붙는 이유는 로마에서 시작된 종교이기 때문입니다.

한글로 직역하면 로만 가톨릭은 로마의 전세계적인 종교라는 의미입니다. 이 말에는 로만 가톨릭이 온 세상을 관장하는 큰 종교라는 뜻이 있습니다. 자신의 종교의 위대성을 보이기 위하여 붙인 이름입니다.

기독교는 영어로 크리스채니티 (Christianity)라고 부르는데 한글로 번역하면 그리스도교입니다. 그리스도교를 한문으로 표기한 것이 기독교이며 예수를 믿는 사람을 기독교인 또는 그리스도인이라고 부릅니다. 사도행전 11장 25절, 26절을 보겠습니다.

"바나바가 사울을 찾으러 다소에 가서" "만나매 안디옥에 데리고 와서 둘이 교회에 일 년간 모여 있어 큰 무리를 가르쳤고 제자들이 안디옥에서 비로소 그리스도인이라 일컬음을 받게 되었더라" (행 11:25-26).

이 구절은 예수를 믿는 사람들이 그리스도인이라고 처음으로 불리기 시작한 것을 보여줍니다. 안디옥에서 바나바와 바울에게 성경을 배운 사람들이 그리스도인으로 불리었습니다. 외부의 사람들이 붙여 준 명칭입니다. 이 때에 기독교라는 단어가 최초로 사용되었습니다. 예수님을 믿는 것을 기독교라는 종교로 인식하기 시작하였습니다.

그러나 엄격히 말하면 기독교는 종교가 아닙니다. 기독교는 불교, 천주교, 이슬람교, 힌두교와 같은 여러 종류의 종교 중에 하나가 아닙니다. 왜냐하면 기독교에는 다른 종교와는 근본적으로 다른 두 가지가 있기 때문입니다.

그것은 교리에 관한 것이 아닙니다. 제사법에 관한 것도 아닙니다. 기독교와 다른 종교의 가장 근본적인 차이 두 가지는 첫째, 기독교는 하나님이 만들었고 다른 종교는 사람이 만들었다는 사실입니다. 둘째, 기독교는 진리이며 다른 종교는 진리가 아니라는 사실입니다. 그러므로 기독교는 종교이기 보다는 진리라고 불리어야 합니다. 기독교는 진리 그 자체입니다.

진리라는 단어는 성경에 122번이나 나옵니다. 어떤 종교의 경전도 진리라는 단어를 이렇게 많이 사용하지 않습니다. 성경에 진리라는 단어가 이처럼 많이 언급되었다는 사실 자체가 기독교가 진리라는 것을 반증하는 것입니다. 성경은 예수가 진리이고 예수 안에 진리가 있다고 말씀합니다. 요한복음 14장 6절을 보겠습니다.

"예수께서 이르시되 내가 곧 길이요 진리요 생명이니 나로 말미암지 않고는 아버지께로 올 자가 없느니라"(요 14:6).

이 구절은 예수께서 자신이 진리라고 말씀합니다. 다음은 에베소서 4장 21절을 보겠습니다.

"진리가 예수 안에 있는 것 같이 너희가 참으로 그에게서 듣고 또한 그 안에서 가르침을 받았을진대"(엡 4:21).

이 구절은 예수 안에 진리가 있다고 말씀합니다. 다음은 요한복음 16장 13절을 보겠습니다.

"그러나 진리의 성령이 오시면 그가 너희를 모든 진리 가운데로 인도하시리니 그가 스스로 말하지 않고 오직 들은 것을 말하며 장래 일을 너희에게 알리시리라"(요 16:13).

이 구절은 진리의 성령이라고 말씀합니다. 성령은 예수 그리스도의 영이므로 진리의 성령이라고 표현한 것입니다. 다음은 에베소서 1장 13절과 시편 119장 142절을 보겠습니다.

"그 안에서 너희도 진리의 말씀 곧 너희의 구원의 복음을 듣고 그 안에서 또한 믿어 약속의 성령으로 인치심을 받았으니" (엡 1:13).
"주의 의는 영원한 의요 주의 율법은 진리로소이다" (시 119:142).

이 두 구절은 복음을 진리의 말씀이라고 하고 하나님의 율법도 진리라고 말씀합니다. 성경 말씀 전체가 진리입니다.

이상으로 살펴본 것처럼 기독교는 모든 것이 진리입니다. 예수님도 진리이고 성령도 진리이고 성경도 진리입니다. 요한복음 8장 31절 32절을 보겠습니다.

"그러므로 예수께서 자기를 믿은 유대인들에게 이르시되 너희가 내 말에 거하면 참으로 내 제자가 되고" "진리를 알지니 진리가 너희를 자유롭게 하리라" (요 8:31-32).

인간을 자유롭게 하는 것은 돈도 아니고 권력도 아닙니다. 인간을 자유롭게 할 수 있는 것은 진리밖에 없습니다. 그리고 그 진리는 예수를 믿는 믿음을 통하여만 알 수 있습니다.

그리고 진리는 하나입니다. 이것은 마치 하나님이 한 분인 것과 같습니다. 이처럼 진리는 하나이고 그것이 기독교라면 나머지 모든 종교는 진리가 아닙니다. 그러므로 지금 주제로 다루고 있는 천주교도 진리가 아닙니다.

이상으로 예수만이, 예수 그리스도를 믿는 것 만이 유일한 진리라는 것을 성경적이고 논리적으로 증명하였습니다. 그렇다면 지금부터는 천주교는 왜 진리가 아닌 지에 대하여 구체적으로 살펴보겠습니다.

천주교는 자신들이 예수를 믿는 종교의 본류이고 시초인 것처럼 말하고 있지만 사실은 그렇지 않습니다. 로마의 황제 콘스탄틴은 기독교인들의 수가 크게 늘어나자 주후 313년에 그간 불법이었던 기독교를 정치적인 목적으로 자유화 하였는데 이것이 천주교의 시초입니다.

역사에는 콘스탄틴이 하나님을 믿었다는 기록이 있으나 실제로는 태양신을 숭배하였습니다. 그는 태양의 날, Sunday를 법정 공휴일로 정하여 믿는 자들이 토요일 안식일을 지킬 수 없도록 방해하기도 하였습니다.

천주교는 베드로를 초대 교황이라고 임의로 정하였습니다. 천주교가 베드로를 초대 교황으로 선전하는 이유는 예수님이 베드로에게 천국 열쇠를 주었다는 성경 구절 때문입니다. 마태복음 16장 19절을 보겠습니다.

"내가 천국 열쇠를 네게 주리니 네가 땅에서 무엇이든지 매면 하늘에서도 매일 것이요 네가 땅에서 무엇이든지 풀면 하늘에서도 풀리리라 하시고" (마 16:19).

베드로가 천국의 열쇠를 받았으므로 그 정통성을 이어 받은 후임 교황들도 베드로처럼 천국의 문을 여는 권세를 가진다는 근거를 만들기 위하여 베드로를 초대 교황으로 정한 것입니다.

그러나 이들이 이렇게 하는 것은 성경을 잘 못 푼 것이고 천주교의 역사도 왜곡하는 것입니다. 마태복음 18장 18절을 보겠습니다.

"진실로 너희에게 이르노니 무엇이든지 너희가 땅에서 매면 하늘에서도 매일 것이요 무엇이든지 땅에서 풀면 하늘에서도 풀리리라" (마 18:18).

이 말씀은 베드로에게 주신 말씀과 동일한데 다른 제자들에게도 말씀하였습니다. 이 말씀은 믿는 자들은 예수의 이름으로 구하면 무엇이든지 이루어진다는 의미로 모든 믿는 자들에게 준 말씀입니다.

그러나 천주교는 이 말씀을 베드로에게만 준 말씀으로 이해를 할 뿐더러 실제로 교황들이 자신들만 사람들을 천국에도 보내고 지옥으로도 보내는 권세가 있다고 교리로 만들어 그렇게 행세하고 있습니다. 이들은 교황의 말이 성경보다 더 권위를 갖는다고 합니다. 교황은 죄와 흠이 없다고 합니다. 교황은 하나님과 동등하다고 합니다. 어떤 교황은 자신이 예수라고 합니다.

로만 가톨릭은 지금까지 266명의 교황 명단을 가지고 있는데 콘스탄틴 황제 시대 이전까지의 삼십 여명의 교황들은 천주교가 임의로 정한 명단으로 보입니다. 왜냐하면 교황이 베드로부터 내려온 것을 보여주기 위하여는 교황들의 명단이 있어야 하기 때문에 누군가의 이름을 채워 넣은 것입니다.

이들은 기독교가 로마에게 박해를 받던 시절의 교황들이므로 그 중에 다수의 사람들이 순교한 것으로 기록되어 있습니다. 순교한 어떤 이름 있는 크리스천들을 임의로 정하여 교황의 명부에 올려놓은 듯이 보입니다.

　이상으로 천주교가 왜곡되고 조작된 역사와 신성모독의 참람된 교리를 가지고 있다는 사실을 간략히 살펴보았습니다. 지금부터는 천주교가 어떻게 잘못 되었고 얼마나 큰 기독교 이단인지에 대하여 좀 더 자세히 살펴보겠습니다.

　첫째, 천주교는 십계명을 임의로 바꾸었습니다. 출애굽기 20장 4절, 5절을 보겠습니다.

> "너를 위하여 새긴 우상을 만들지 말고 또 위로 하늘에 있는 것이나 아래로 땅에 있는 것이나 땅 아래 물 속에 있는 것의 어떤 형상도 만들지 말며" "그것들에게 절하지 말며 그것들을 섬기지 말라 나 네 하나님 여호와는 질투하는 하나님인즉 나를 미워하는 자의 죄를 갚되 아버지로부터 아들에게로 삼사 대까지 이르게 하거니와" (출 20:4-5).

　이 구절은 십계명 중 두 번째 계명으로 우상을 만들지 말고 그 앞에서 절도 하지 말라는 계명입니다. 그런데 천주교는 이 계명을 성경에서 지웠습니다. 대신에 열 번째 계명의 내용을 두 개로 만들었습니다. 출애굽기 20장 17절을 보겠습니다.

> "네 이웃의 집을 탐내지 말라 네 이웃의 아내나 그의 남종이나 그의 여종이나 그의 소나 그의 나귀나 무릇 네 이웃의 소유를 탐내지 말라" (출 20:17).

천주교는 이 계명을 "남의 아내를 탐내지 말라"와 "남의 재물을 탐내지 말라"는 두 개의 계명으로 만들었습니다. 9계명이라고 우기지 않고 총 열 개의 계명을 만들려고 한 노력은 가상해 보입니다.

천주교가 하나님의 법을 이렇게 바꾼 이유는 자신들이 마리아 형상을 만들어 우상 숭배하는 것이 죄라는 사실을 감추려는 시도입니다. 실제로 천주교 신자의 대부분이 천주교가 십계명을 바꾼 사실을 모르고 있습니다. 천주교는 이처럼 하나님의 십계명도 바꾸어 버린 기독교 변종입니다.

둘째, 천주교는 행위로 구원 받는다고 가르칩니다. 에베소서 2장 8절을 보겠습니다.

"너희는 그 은혜에 의하여 믿음으로 말미암아 구원을 받았으니 이것은 너희에게서 난 것이 아니요 하나님의 선물이라"(엡 2:8).

성경은 믿음으로 구원받는다고 말씀하는데 천주교는 선행을 많이 하면 구원받는다고 가르칩니다. 인간은 믿음으로 구원받으며 행위는 믿음의 증거로서 보여지는 것입니다.

셋째, 천주교는 돈으로 구원받는다고 가르칩니다. 천주교에서 파는 면죄부를 사면 죄가 없어진다고 가르칩니다. 면죄부는 중세 때 천주교가 재정을 확보하기 위한 수단으로 만들어 팔았는데 지금도 그 교리는 없어지지 않았습니다. 많은 천주교인들이 이러한 사실을 모르고 있습니다. 십일조와 헌물은 당연히 하나님께 드려야 하지만 그것이 죄를 없게 하는 수단이 될 수는 없습니다.

넷째, 천주교는 모든 종교에 구원이 있다고 가르칩니다. 본래는 천주교 외에는 구원이 없다는 교리를 주장해왔습니다. 그러나 얼마 전부터는 모든 종교에 구원이 있다는 교리로 노선을 변경하였습니다. 선하게 살고 불쌍한 사람을 많이 도우면 종교에 상관없이 구원받는다고 가르칩니다. 천주교가 이렇게 가르치는 이유는 세계의 모든 종교를 하나로 통합하려는 목적 때문입니다.

그러나 성경은 예수 그리스도를 믿는 믿음 외에는 구원받을 수 없다고 말씀합니다. 요한복음 14장 6절과 사도행전 4장 12절을 보겠습니다.

"예수께서 이르시되 내가 곧 길이요 진리요 생명이니 나로 말미암지 않고는 아버지께로 올 자가 없느니라" (요 14:6).
"다른 이로써는 구원을 받을 수 없나니 천하 사람 중에 구원을 받을 만한 다른 이름을 우리에게 주신 일이 없음이라 하였더라" (행 4:12).

다섯째, 천주교는 마리아를 우상으로 섬깁니다. 마리아 동상을 만들어 그 앞에서 절합니다. 마리아가 하나님과 사람 사이의 중보자인 것처럼 마리아에게 간구하고 마리아의 이름으로 기도합니다. 이렇게 하는 것은 심각한 우상숭배입니다. 디모데전서 2장 5절과 요한복음 14장 14절을 보겠습니다.

"하나님은 한 분이시요 또 하나님과 사람 사이에 중보자도 한 분이시니 곧 사람이신 그리스도 예수라" (딤전 2:5).

"내 이름으로 무엇이든지 내게 구하면 내가 행하리라" (요 14:14).

우리의 유일한 중보자는 예수 그리스도이며 예수님의 이름으로만 구하며 기도해야 합니다.

여섯째, 천주교는 연옥이 있다고 가르칩니다. 연옥은 죽은 자의 영혼이 천국이나 지옥으로 결정되어 가기 전에 머무르는 곳을 의미하는 단어입니다. 천주교에서 지어낸 것입니다. 천주교는 연옥에 있는 죽은 영혼들을 위해 기도하고 헌금을 하면 지옥으로 갈 예정인 사람도 천국으로 갈 수 있고 천국으로 갈 예정인 사람들은 더 빨리 천국으로 갈 수 있다고 가르칩니다.

그러나 연옥은 없으며 사람이 죽으면 그 영혼은 즉시 천국 아니면 지옥으로 갑니다. 천주교의 연옥 교리는 죽은 영혼을 팔아 신자들의 돈을 사취하는 것입니다. 미혹된 천주교인들은 이러한 사실도 깨닫지 못한 채 죽은 부모가 천국을 갈 수 있도록 기도하고 돈을 바치는 어리석은 신앙 생활을 합니다.

일곱째, 천주교는 성경을 가르치지 않고 천주교 교리를 가르칩니다. 성경은 모두 신약과 구약 두 권인데 천주교의 교리는 지난 1700년간 교황들이 지어낸 수백 권으로 이루어져 있으며 천주교는 성경 대신에 이러한 교리를 가르칩니다. 또한 교인들은 물론 성직자들도 혼자서 성경을 읽고 공부하는 것이 교리로 금지되어 있습니다.

이들이 이러한 교리를 만들어 놓은 이유는 성경 공부를 하면 성령이 천주교가 미혹의 종교인 것을 깨닫게 해 줄 것을 천주교 귀신들도 알고 있기 때문입니다. 그러므로 혼자 성경을 공부하지 못하게 하고 가르치지도 않는 것입니다.

이러한 교리가 있음에도 불구하고 성경을 읽고 공부한 천주교 성직자들 중에는 천주교를 떠난 사람들이 많이 있습니다. 이들은 성경을 읽음으로 진리를 깨닫고 진리가 이들을 미혹으로부터 자유롭게 한 것입니다. 마태복음 4장 4절을 보겠습니다.

"예수께서 대답하여 이르시되 기록되었으되 사람이 떡으로만 살 것이 아니요 하나님의 입으로부터 나오는 모든 말씀으로 살 것이라 하였느니라 하시니"(마 4:4).

이 구절은 하나님의 말씀을 먹고 살라고 합니다. 그런데 천주교는 반대로 가르칩니다. 말씀을 먹지 말라고 합니다. 혼자서 성경을 읽지도 공부하지도 말라고 합니다. 천주교는 신도들을 영적으로 굶겨 죽이고 있는 것입니다.

다음은 디모데후서 3장 15절을 보겠습니다.

"또 어려서부터 성경을 알았나니 성경은 능히 너로 하여금 그리스도 예수 안에 있는 믿음으로 말미암아 구원에 이르는 지혜가 있게 하느니라"(딤후 3:15).

구원에 이르는 지혜는 성경에 있습니다. 성경을 모르면 구원받는 법을 모르는 것입니다. 그러므로 성경 공부를 금하는 천주교는 구원의 지혜가 담겨있는 성경을 모르므로 구원받을 수 없습니다.

이상으로 살펴본 천주교의 잘못된 가르침을 다시 정리하면 천주교는 첫째, 십계명을 바꾸었습니다. 둘째, 행위로 구원받는다고 가르칩니다. 셋째, 돈으로 구원받는다고 가르칩니다. 넷째, 모든 종교에 구원이 있다고 가르칩니다. 다섯째, 마리아를 우상으로 섬깁니다. 여섯째, 연옥이 있다고 가르칩니다. 일곱째, 성경을 읽지 말라고 가르칩니다.

이처럼 천주교는 모든 가르침이 거짓입니다. 또한 천주교의 예배는 태양신 숭배의 예식입니다. 마리아 우상에게 절하며 사탄을 경배하는 것입니다. 그러나 이들은 예수님과 하나님을 경배하는 것으로 위장하고 있습니다.

본문 말씀 중 요한계시록 17장 4절, 5절을 보겠습니다.

"그 여자는 자주 빛과 붉은 빛 옷을 입고 금과 보석과 진주로 꾸미고 손에 금 잔을 가졌는데 가증한 물건과 그의 음행의 더러운 것들이 가득하더라"
"그의 이마에 이름이 기록되었으니 비밀이라, 큰 바벨론이라, 땅의 음녀들과 가증한 것들의 어미라 하였더라" (계 17:4-5).

본문 말씀은 마지막 때에 큰 음녀가 심판을 받는 내용 중의 일부입니다. 큰 음녀는 천주교와 교황을 의미합니다. 4절의 말씀은 교황의 사치스러운 삶과 외모, 바티칸의 더러운 장식물들을 묘사합니다.

5절은 이 음녀가 땅의 음녀들과 가증한 것들의 어미라고 말씀합니다. 이것은 천주교가 조상에게 제사를 드리도록 허락하고 토속신을 믿으며 천주교를 믿어도 된다고 가르치는 것을 반영합니다. 천주교도 사탄을 섬기는 것이므로 다른 귀신을 섬기는 것을 허락할 뿐더러 그들의 어미 역할을 하고 있는 것입니다.

지금까지 천주교의 사악함에 대하여 자세히 나누어 보았습니다. 이제부터는 이러한 천주교에 대한 바른 지식을 바탕으로 크리스천들이 천주교인들을 어떻게 대해야 하는 지와 천주교인들이 이러한 미혹에서 빠져나올 수 있는 지혜에 대하여 나누겠습니다.

천주교를 기독교의 형제 종교로 여기는 크리스천들이 많습니다. 그러나 살펴본 대로 천주교는 기독교의 짝퉁이며 이단입니다. 그러므로 천주교인을 만나면 한두 번 잘못 믿고 있다고 훈계를 한 후에 상종하지 않아야 합니다. 디도서 3장 10절을 보겠습니다.

"이단에 속한 사람을 한두 번 훈계한 후에 멀리하라" (딛 3:10).

한두 번 전도를 시도하여도 듣지 않으면 만나지 않아야 합니다. 그리고 천주교 신자와는 교제, 동업, 결혼하지 마십시오. 이들과 섞이는 것은 그리스도와 벨리알이 조화되는 것입니다. 고린도후서 6장 15절을 보겠습니다.

"그리스도와 벨리알이 어찌 조화되며 믿는 자와 믿지 않는 자가 어찌 상관하며" (고후 6:15).

보통의 교회들은 천주교의 문제점에 대하여 가르치지 않습니다. 그 이유는 무지해서이기도 하지만 많은 기독교 교단들이 천주교의 문제를 강단에서 지적하는 것은 불문율처럼 금지하고 있기 때문입니다. 왜냐하면 기독교단들이 실제로 천주교의 영향권 아래에 있기 때문입니다. 그러므로 이처럼 심각한 천주교의 이단성을 가르치지도 않고 천주교에 대한 경계도 하지 않습니다.

어떤 사람은 천주교 안에도 성령의 역사가 있고 여러가지 기적도 일어난다고 말합니다. 어떤 사람은 천주교 안에서도 예수를 잘 믿으면 구원받을 수 있다고 말합니다. 그러나 이렇게 말하는 것은 틀린 것입니다.

천주교의 교리와 예배는 모두 미혹이고 이단이고 사탄 숭배입니다. 천주교는 영혼의 악성 종양이고 독버섯이며 치료 불능의 변종 바이러스와 같은 것으로 그 안에는 구원이 있을 수 없습니다.

어떤 사람이 천주교 안에서 성령을 받거나 성령의 역사를 체험하였다면 그 사람은 천주교가 잘못 된 것을 깨닫고 천주교를 떠나야 할 것입니다. 그렇다면 그것은 성령의 역사가 분명합니다. 왜냐하면 성령은 진리의 영이기 때문에 성령 받은 사람을 그대로 천주교 안에 있게 하지는 않을 것이기 때문입니다.

그러므로 성령을 받은 사람이 그대로 천주교 안에 계속 있다면 그것은 성령의 역사가 아니라 귀신의 역사입니다. 사람들이 속는 이유는 귀신의 역사와 성령의 역사가 겉으로는 비슷하게 보이기 때문입니다.

천주교 안에 이렇게 성령의 역사와 비슷한 귀신의 역사가 나타나는 것은 하나님이 미혹의 영을 보내어 거짓을 믿게 하기 때문입니다. 데살로니가후서 2장 9절에서 12절까지를 보겠습니다.

"악한 자의 나타남은 사탄의 활동을 따라 모든 능력과 표적과 거짓 기적과" "불의의 모든 속임으로 멸망하는 자들에게 있으리니 이는 그들이 진리의 사랑을 받지 아니하여 구원함을 받지 못함이라" "이러므로 하나님이 미혹의 역사를 그들에게 보내사 거짓 것을 믿게 하심은" "진리를 믿지 않고 불의를 좋아하는 모든 자들로 하여금 심판을 받게 하려 하심이라" (살후 2:9-12).

천주교 안에서 능력과 기적이 나타난다면 바로 이 말씀이 천주교인들에게 응하는 것입니다. 그러므로 천주교 안에는 구원이 없습니다. 천주교를 믿는 사람은 교황, 추기경, 대주교, 주교, 신부, 수녀, 신도에 이르기까지 한 사람도 구원받지 못합니다.

마지막으로 천주교인들에게 당부합니다. 여러분이 구원받기를 원한다면 속히 천주교를 떠나십시오. 그리고 그동안 미혹되어 마리아를 우상 숭배하고 무의식 중에 사탄을 섬긴 것에 대하여 회개하고 예수 그리스도를 바르게 믿는 신앙으로 돌아오십시오.

마리아 형상과 염주를 버리십시오. 성경을 주야로 묵상하고 열심히 기도하십시오. 전도하십시오. 특별히 천주교인들을 많이 전도하십시오. 소유를 팔아 가난한 자들을 도우십시오. 온전히 계명을 지키며 거룩한 삶을 사십시오. 그리하여 구원받으십시오.

이 설교를 듣고 새롭게 천주교인들을 전도하기로 작정하는 분들과 미혹을 깨닫고 주께로 돌아오는 모든 천주교인들을 예수 그리스도의 이름으로 축복합니다.

영혼을 살리는 설교 5

II
교회 안의 미혹

5
벙어리 개들

"이스라엘의 파수꾼들은 맹인이요 다 무지하며 벙어리 개들이라 짖
지 못하며 다 꿈꾸는 자들이요 누워 있는 자들이요 잠자기를 좋아하
는 자들이니" (이사야 56:10).

개는 욕설의 대명사입니다. 욕을 할 때에 개라는 단어가 들어가는
것은 한국은 물론 전세계가 공통입니다. 개가 욕설의 의미로 사용되
는 이유는 개는 더럽기 때문입니다. 개가 더러운 이유는 배설물을 먹
고 자신이 토한 것을 먹기 때문입니다. 베드로후서 2장 22절을 보겠
습니다.

"참된 속담에 이르기를 개가 그 토하였던 것에 돌아가고 돼지가 씻었다가
더러운 구덩이에 도로 누웠다 하는 말이 그들에게 응하였도다" (벧후
2:22).

이 구절은 어떤 사람들을 더러운 개와 돼지에 비유하고 있습니다.
이처럼 개가 더러운 것의 상징인 것은 세상에서 뿐만 아니라 성경 안
에서도 동일합니다. 이 구절에서 인용한 속담은 잠언 26장 11절 말

씀입니다.

"개가 그 토한 것을 도로 먹는 것 같이 미련한 자는 그 미련한 것을 거듭
행하느니라"(잠 26:11).

이 말씀은 같은 잘못을 반복하는 미련한 자를 개에 비유합니다.
또 다른 개의 비유를 살펴보겠습니다. 사무엘하 9장 8절과 16장 9절
을 보겠습니다.

"그가 절하여 이르되 이 종이 무엇이기에 왕께서 죽은 개 같은 나를 돌아
보시나이까 하니라"(삼하 9:8).
"스루야의 아들 아비새가 왕께 여짜오되 이 죽은 개가 어찌 내 주 왕을 저
주하리이까 청하건대 내가 건너가서 그의 머리를 베게 하소서 하니"(삼
하 16:9).

이 두 구절은 쓸모 없는 인간을 죽은 개에 비유합니다. 소나 양은
죽으면 그 고기를 먹을 수 있고 가죽과 털도 사용할 수 있습니다. 그
러나 개의 고기는 먹을 수도 없고 가죽이나 털도 사용할 수 없습니
다. 그러니 아무 쓸모 없는 인간을 죽은 개에 비유하는 것입니다.
다음은 열왕기하 8장 13절과 욥기 30장 1절을 보겠습니다.

"하사엘이 이르되 당신의 개 같은 종이 무엇이기에 이런 큰일을 행하오리
이까 하더라 엘리사가 대답하되 여호와께서 네가 아람 왕이 될 것을 내게

알게 하셨느니라 하더라" (왕하 8:13).

"그러나 이제는 나보다 젊은 자들이 나를 비웃는구나 그들의 아비들은 내가 보기에 내 양 떼를 지키는 개 중에도 둘 만하지 못한 자들이니라" (욥 30:1).

이 두 구절은 스스로를 낮추거나 사람을 비하하면서 개와 같다고 표현합니다. 즉 개는 비천한 사람의 비유로 사용됩니다.

다음은 마태복음 7장 6절을 보겠습니다.

"거룩한 것을 개에게 주지 말며 너희 진주를 돼지 앞에 던지지 말라 그들이 그것을 발로 밟고 돌이켜 너희를 찢어 상하게 할까 염려하라" (마 7:6).

이 구절에서 개는 바리새인들을 가리키는 것입니다. 자신의 더 큰 죄는 깨닫지 못하고 다른 사람들의 죄를 책망하는 위선자를 개로 비유하였습니다.

다음은 신명기 23장 18절을 보겠습니다.

"창기가 번 돈과 개 같은 자의 소득은 어떤 서원하는 일로든지 네 하나님 여호와의 전에 가져오지 말라 이 둘은 다 네 하나님 여호와께 가증한 것임이니라" (신 23:18).

이 구절에서 개 같은 자는 남자 창기를 의미합니다. 이들은 너무 더러워서 하나님이 헌물도 받지 않습니다. 행실이 더럽고 음란한 자를 개에 비유하고 있습니다.

마태복음 15장 26절을 보겠습니다.

"대답하여 이르시되 자녀의 떡을 취하여 개들에게 던짐이 마땅하지 아니
하니라" (마 15:26).

이 구절은 예수님이 딸의 치료를 간청하는 가나안 여인에게 한 말
씀인데 다소 모욕적인 표현입니다. 예수님은 구원받지 못한 이방인
을 개로 비유하였습니다.

이상으로 성경이 개를 어떤 비유로 사용하는 지에 대하여 살펴보
았습니다. 그 내용을 다시 정리하면 개는 미련한 자, 쓸모 없는 인간,
비천한 자, 위선자, 음란한 자, 구원받지 못한 자의 비유로 사용되었
습니다.

이처럼 개와 관련한 비유는 성경 말씀과 세상의 문화가 별로 다르
지 않습니다. 모두 더럽고 부정적인 의미로 인용됩니다. 세상의 문화
도 긍정적이든 부정적이든 은연중에 성경 말씀을 반영하는 것이 많
은데 개에 대한 비유도 그 중에 하나입니다.

지금부터는 성경에서 개로 비유되는 또 다른 한 부류의 인간들에
대하여 다루어 보겠습니다. 이사야 56장 11절을 보겠습니다.

"이 개들은 탐욕이 심하여 족한 줄을 알지 못하는 자들이요 그들은 몰지
각한 목자들이라 다 제 길로 돌아가며 사람마다 자기 이익만 추구하며"
(사 56:11).

여기서 개로 비유되는 목자들은 지금의 목사들을 의미합니다. 탐심으로 자기 이익만 구하는 몰지각한 목사들을 개로 비유하고 있습니다. 이들은 가난한 자의 연보로 부유하게 사는 목사들과 생계의 방편으로 목회를 하는 현대 교회 안의 삯꾼들을 의미합니다.

요한계시록 22장 15절을 보겠습니다.

"개들과 점술가들과 음행하는 자들과 살인자들과 우상 숭배자들과 및 거짓말을 좋아하며 지어내는 자는 다 성 밖에 있으리라"(계 22:15).

이 구절은 지옥에 가는 사람들의 부류를 나열하고 있습니다. 그런데 가장 먼저 언급 된 것이 개들입니다. 여기서 개는 동물 개가 아닙니다. 거짓 목사들입니다. 거짓 목사들은 개로 비유될 뿐 아니라 지옥에 가는 명단 제일 앞에 있습니다.

예수님이 화 있을 것이라고 일곱 번 저주한 유일한 부류의 사람들이 있습니다. 그들은 거짓 목사들입니다. 성경에는 절대로 회개하지 않는 한 부류의 사람들이 있습니다. 그들은 거짓 목사들입니다. 하나님의 긍휼을 입지 못하는 한 부류의 인간들이 있습니다. 그들은 거짓 목사들입니다. 그러므로 지옥 유황불에 가장 먼저 떨어지는 자들도 거짓 목사인 것입니다.

거짓 목사들이 이처럼 더러운 개로 비유되고 저주 받을 자들로 불리는 이유는 다른 모든 인간은 그 죄가 아무리 커도 자신의 죄로 자신만 지옥으로 가지만 거짓 목사들은 다른 영혼들도 지옥으로 끌고 가기 때문입니다.

본문 말씀인 이사야 56장 10절을 다시 보겠습니다.

"이스라엘의 파수꾼들은 맹인이요 다 무지하며 벙어리 개들이라 짖지 못하며 다 꿈꾸는 자들이요 누워 있는 자들이요 잠자기를 좋아하는 자들이니" (사 56:10).

이 구절에서 이스라엘의 파수꾼들은 영적인 파수꾼들을 의미합니다. 그 당시에는 제사장과 선지자들이고 현대에 적용하면 목사들입니다. 하나님은 이들을 맹인이고 무지하고 벙어리이고 꿈꾸는 자들이고 누워있고 잠자기를 좋아하는 자들이라고 힐책하였습니다. 이 말씀은 주의 종들이 사명과 책임을 제대로 하지 않는 것을 비유로 표현한 것입니다. 비유의 뜻을 풀어보겠습니다.

맹인은 선악을 구별하 못하는 자들입니다. 무지한 것은 말씀에 대한 지식이 없는 것입니다. 벙어리는 설교를 바르게 하지 못하는 것입니다. 꿈꾸는 자는 구원받지 못했는데 구원받은 줄로 착각하고 있는 자들입니다. 누워있는 자들은 말씀과 기도에 게으른 자들입니다. 잠자기를 좋아하는 것은 영적으로 깨어 있지 않은 것입니다.

거짓 목사를 형용하는 이 모든 표현들 중에서 특별히 한 곳을 유의해서 보겠습니다. 그것은 벙어리 개들이라는 표현입니다. 다른 모든 표현에는 개를 붙이지 않았는데 벙어리에게만 개를 붙여 표현하였습니다. 맹인 개라든지, 무지한 개라든지, 꿈꾸는 개들이라는 표현은 없습니다.

그렇다면 오직 벙어리에게만 개라는 모욕적인 표현을 한 데는 이유가 있을 것입니다. 목사들이 여러가지 책망 받을 일을 하는데 그 중에서 벙어리 짓을 하는 것이 가장 큰 책망을 받을 일이기 때문입니다.

주의 종의 첫째 사명은 사람들에게 거룩한 것과 속된 것, 깨끗한 것과 더러운 것을 구별하여 가르치는 것입니다. 에스겔 44장 23절을 보겠습니다.

"내 백성에게 거룩한 것과 속된 것의 구별을 가르치며 부정한 것과 정한 것을 분별하게 할 것이며" (겔 44:23).

목사는 다른 사람들의 영혼을 구원하는 특별한 사명을 부여 받았습니다. 그러므로 이들은 성문을 지키는 파수꾼에 비유됩니다. 적이 올 때에 파수꾼이 나팔을 불지 않으면 주민들이 적에게 죽임을 당합니다.

마찬가지로 목사들이 진리를 바르게 가르치지 않으면 사람들의 영혼이 적들에게 죽임 당하여 지옥으로 끌려갑니다. 그러므로 진리를 바르게 가르치지 않는 목사에게 벙어리 개라는 모욕적인 비유를 하는 것입니다.

지금 대한민국은 전쟁 중에 있고 적들이 계속 공격하고 있습니다. 나라가 마귀의 사상을 가진 빨갱이들에 의해 점령되어 가는데 파수꾼들이 나팔을 불지 않습니다. 목사들이 침묵하고 있습니다. 교회 안에는 두 종류의 벙어리 개들이 있습니다.

하나는 좌파 교인들이 교회를 떠날까 두려워 나팔을 불지 않는 목사들입니다. 좌파 정권이 괴롭힐까 두려워 벙어리가 된 목사들입니다. 이들은 사람을 두려워하고 영혼까지 지옥에 멸하는 하나님을 두려워하지 않습니다. 이들은 비겁한 자들이며 어리석은 자들이며 벙어리 개들입니다.

다른 하나는 빨갱이 목사들입니다. 이들은 절대로 나팔을 불지 않습니다. 나팔을 불지 않을 뿐더러 오히려 적과 내통하는 자들입니다. 적이 쳐들어올 때 성문을 열어주는 자들입니다. 악한 벙어리 개들입니다.

지금부터는 한국의 대표적인 벙어리 개 몇 마리에 대하여 살펴보겠습니다. 남북 분단 후에 최초로 월북하여 김일성에게 절을 한 목사는 문익환입니다. 이 자는 한국법을 어기고 무단 월북하였다가 나중에 처벌을 받았습니다. 이 사람은 해방신학, 민중신학을 공부한 사람입니다. 해방신학, 민중신학은 공산주의 사상에 접목된 신학으로 사탄이 신학을 가장하여 학교에 들어온 것입니다.

그러므로 이러한 신학을 공부한 자는 문익환처럼 사탄의 종인 김일성을 사모하고 그 앞에서 절까지 합니다. 그 후로 지금까지 북괴를 방문하여 김일성 동상 앞에 절을 한 한국 목사는 약 300명 정도 됩니다. 이들의 공통점은 모두 대형교회의 목사들이며 한국 기독교의 리더들입니다.

북녘 땅은 수많은 크리스천을 죽이고 감옥에 보낸 저주의 땅이며 죽음의 왕국입니다. 그러므로 그러한 땅은 발을 밟기만 하여도 죄가 되고 저주가 됩니다. 그럼에도 불구하고 목사들이 그 곳에 방문하여 우상 앞에서 절까지 한 것은 참람된 배도이며 회개할 수 없는 큰 죄입니다.

성령은 믿는 자들을 죽이고 감옥에 보내는 마귀를 만나도록 인도하지 않습니다. 그러므로 북괴를 방문한 목사들은 방문 의도나 목적과 상관없이 성령의 인도함을 받은 것이 아닙니다. 성령의 인도가 아니면 그것은 마귀의 인도입니다.

방북한 목사들은 어느 날 갑자기 김일성 우상 앞에서 절을 하게 된 것이 아닙니다. 이들이 예수 믿는 자를 죽인 마귀의 동상 앞에서 절을 한 것은 그동안 이 자들이 거짓 목사로 오랫동안 살아왔기 때문에 결국 김일성 동상 앞에서 절까지 한 것입니다.

하나님께서 양들이 더 이상 이러한 거짓 목사들에게 속지 말라고 이들의 정체를 드러낸 것입니다. 그러므로 방북한 목사는 모두 거짓 목사라고 판단하면 틀리지 않습니다. 어떤 거짓 목사는 김일성 동상 앞에서 동상을 쓰러뜨릴 궁리를 하였다고 하는 데 그것은 변명입니다. 이 사람은 변명하기보다는 회개하여야 할 것입니다.

북한을 방문한 적이 있는 조용기, 이영훈, 소강석, 오정현, 김삼환, 곽선희 같은 자들은 이미 돈과 여자와 배도의 문제로 꾸준히 교회와 세상을 더럽혀 온 자들입니다. 특히 조용기와 이영훈은 하나님의 성물을 북쪽 마귀에게 바치려고 혈안이 되어 있는 자들로서 같은 교회에서 2대째 거짓 목사의 대를 잇고 있습니다.

이영훈은 박근혜 대통령 탄핵을 지지한 자이며 재벌을 해체하자고 주장하였습니다. 김정은을 국가적으로 환영하자고 말하는 빨갱이입니다. 빨갱이를 담임목사로 둔 순복음교회 교인들만큼 불쌍한 사람들이 없습니다. 왜냐하면 양들은 목자와 운명을 같이 하기 때문입니다. 이들은 그 교회를 떠나지 않으면 이영훈과 함께 지옥 유황 불로 떨어질 것이 분명하니 불쌍한 것입니다.

소강석은 성령을 훼방하는 자이고 빨갱이입니다. 하나님이 거짓 목사 오정현을 교회에서 쫓아내고 있는데 소강석이 이 일을 훼방하였습니다. 소강석이 거짓 목사 오정현이 교회에서 쫓겨나지 않도록 돕는 것은 자신도 거짓 목사라는 증거입니다. 이들이 서로 돕는 것은 마치 뱀 두 마리가 서로 엉키어 똬리를 틀고 있는 모습을 연상케 합니다.

소강석이 빨갱이인 것은 그가 북한을 방문한 적이 있다는 사실로도 입증되지만 그의 글을 읽어 보아도 알 수 있습니다. 소강석은 자칭 시인이라고 말하며 시집을 여러 권 출간하였습니다. 그의 시는 운동권 공산주의 사상에 물들어 있습니다.

자신이 목사이기 때문에 드러내 놓고 반미를 하지 못하는 것을 부끄러워 한다고 말합니다. 소강석은 자신이 시인이라고 자랑할 할 것이 아니라 자신이 빨갱이인 것을 시인해야 할 것입니다. 이 자는 묘향산 굴 속에서 산 기도하는 박수무당의 영을 가졌습니다.

빨갱이를 목사로 둔 새에덴 교회 교인들만큼 불쌍한 사람들이 없습니다. 왜냐하면 양들은 목자와 운명을 같이 하기 때문입니다. 이들은 그 교회를 떠나지 않으면 소강석과 함께 지옥 유황불로 떨어질 것이 분명하니 불쌍한 것입니다.

다음은 북한을 방문하지는 않았지만 나팔을 불지 않고 있는 파수꾼들 중에 대표적인 두 사람에 대하여 살펴보겠습니다. 이 두 사람을 대표적인 인물로 간주하는 이유는 이 두 사람의 인지도가 높고 사람들이 가장 많이 속고 있기 때문입니다. 한 사람은 유기성이고 한 사람은 이찬수입니다.

유기성은 배도의 단체인 WCC를 좋게 여기는 사람이므로 다른 항목을 점검할 필요도 없이 거짓 목사입니다. 유기성은 2013년 부산에서 열린 WCC총회의 준비위원으로 선정된 것에 대한 비판을 받자 교단에서 임의로 정한 것이므로 자신은 책임이 없다고 변명하였습니다. 그러나 교단은 목사들의 권위이므로 누구든지 준비위원으로 선정할 수 있습니다.

유기성은 WCC총회의 준비위원을 맡은 사실과 상관없이 자신이 속한 감리교단이 WCC에 가입되어 있으므로 배도한 것을 핑계를 댈 수 없습니다. 유기성은 교단에게 자신을 WCC 총회준비위원으로 임명한 사실이 부당하다는 항의는 하지 못하면서 외부에는 자신이 WCC총회의 준비위원으로 선정된 것을 교단의 책임이라고 항변합니다.

이렇게 하는 것은 마치 박쥐가 들짐승과 날짐승이 전쟁을 할 때에 들짐승이 이기는 것 같으면 자신은 쥐라고 하면서 땅으로 내려와서 쥐 흉내를 내고 날짐승의 전세가 유리하다고 판단될 때는 공중으로 날아가서 새 흉내를 내는 것과 같이 간사스러운 처신을 하는 것입니다.

유기성은 영 분별력이 전혀 없는 사람입니다. WCC는 모든 종교에 구원이 있다는 다원주의를 지향하며 전 세계의 종교를 하나로 통합하려는 적그리스도 세력의 음모인 줄을 알지 못합니다. 무당들과 함께 손을 잡고 춤을 추는 WCC를 옳다고 하니 이 사람은 매우 심각하게 미혹된 것입니다.

유기성은 2016년 좌파들의 거짓말과 선동으로 많은 국민들이 속아서 참여한 촛불 시위를 옳다고 말한 목사입니다. 빨갱이들의 선동을 옳게 여기는 유기성은 빨갱이입니다. 이 빨갱이 목사로 인해 많은 믿는 자들이 혼란에 빠지고 미혹을 받았으니 이 자의 죄가 작지 않습니다.

박근혜 대통령 탄핵을 외치는 시위대를 옳다고 하던 유기성은 사탄의 종 노릇하는 공산주의자 문재인의 탄핵을 외치는 모임에는 침묵하고 있습니다. 마귀의 종인 문재인을 인정하고 좋게 여기는 것은 자신도 마귀의 종인 것을 증명하는 것입니다. 나라가 마귀에게 넘어가고 있는 데도 짖지 않는 유기성은 벙어리 개입니다.

사람들이 유기성에게 많이 속는 이유 중에 하나는 유기성은 조용기나 오정현 김삼환처럼 특별히 여자나 돈 문제로 구설수에 오를 만한 일이 드러나지 않았기 때문입니다. 늘 웃으면서 표정 관리, 평판 관리를 잘 하므로 특별히 거짓 목사인 줄을 알지 못합니다. 그러나 이러한 사람이 더 위험합니다. 왜냐하면 이러한 자는 실제로는 이리인데 양의 탈을 쓰고 있기 때문입니다.

마태복음 7장 15절을 보겠습니다.

"거짓 선지자들을 삼가라 양의 옷을 입고 너희에게 나아오나 속에는 노략
질하는 이리라" (마 7:15).

이 말씀이 지금 유기성에게 응하였습니다. 이 사람은 양의 옷을 입

고 있는 늑대이며 미혹의 영에 붙잡힌 자입니다. 그러니 정체가 모두 드러난 사람들, 즉 늑대의 옷을 입은 늑대인 조용기, 오정현, 김삼환 보다 더 위험하고 가증한 거짓 목사입니다.

WCC도 바르게 분별하지 못하는 자를 목사로 둔 선한목자 교회 교인들만큼 불쌍한 사람들이 없습니다. 왜냐하면 양들은 목자와 운 명을 같이 하기 때문입니다. 이들은 그 교회를 떠나지 않으면 유기성 과 함께 지옥 유황불로 떨어질 것이 분명하니 불쌍한 것입니다.

다음은 이찬수에 대하여 살펴보겠습니다. 이 사람은 설교를 신경 질적으로 하는 것이 그의 상표입니다. 그의 심령은 늘 불만과 화로 차 있고 평강을 볼 수 없습니다. 그에게 평강이 없는 원인은 단순합 니다. 그는 빨갱이이기 때문입니다. 그는 빨갱이 마귀에게 사로잡혔 기 때문입니다.

이찬수가 가장 존경하는 사람이 신영복입니다. 신영복은 간첩죄로 사형 선고를 받은 자입니다. 문재인이 가장 존경하는 사람이기도 합 니다. 또한 이찬수는 주사파의 대표적인 장로인 손봉호를 존경한다 고 설교 중에 말하는 사람입니다.

이찬수는 어떤 젊은 목사에게 매달 돈을 지급하고 있습니다. 이 젊 은 목사는 한국을 뒤집어 혁명적인 상황이 되기를 바라는데 그 혁명 은 공산주의 혁명입니다. 이찬수는 하나님에게 바쳐진 헌물을 빨갱 이에게 공작금으로 주고 있습니다.

이처럼 이찬수가 존경하는 사람, 관계하는 사람들이나 모임은 모 두 좌파 공산주의자들입니다. 이찬수는 박근혜 대통령 탄핵을 지지 하는 성명서에 서명하였습니다. 2017년 대통령 선거가 있기 이틀 전에는 세월호 사건을 교인들에게 상기시키며 빨갱이 문재인에게 투표할 것을 강하게 암시하는 설교를 하였습니다.

이찬수에게 설교를 듣는 어떤 교인은 예수를 혁명가로 이해한다고 말을 합니다. 이 교인도 빨갱이인 것으로 여겨지지만 성경을 어떻게 가르쳤으면 교인이 예수를 혁명가로 이해하겠습니까? 목사가 빨갱이 마귀의 영을 갖고 있으므로 교인들에게도 같은 빨갱이 영이 전이 된 것입니다.

이찬수는 동성연애를 인정하는 자입니다. 이찬수는 동성연애를 반대하는 사람들을 모욕한 부목사를 두둔하며 자신은 이해심이 많고 포용력이 있는 사람인 체 한적이 있습니다. 부목사가 동성연애가 얼마나 심각한 죄인 줄도 분별 못하는 것은 담임 목사도 같은 사람이라는 뜻입니다. 동성연애가 죄가 아니라고 말하는 것도 빨갱이 목사들의 특징 중에 하나입니다.

지금까지 살펴본 것처럼 이찬수는 빨갱이 목사들 중에서도 으뜸가는 자이며 골수 좌파 목사입니다. 최근에는 자신의 빨갱이 정체가 확연하게 드러나자 자신은 빨갱이가 아니라는 변명을 하기 시작하였습니다. 그 변명 중에 하나가 믿는 자들은 참 보수이며 동시에 참 진보이어야 한다는 궤변입니다.

여기서 보수와 진보의 의미에 대하여 잠깐 짚어 보겠습니다. 보수와 진보라는 단어를 가장 즐겨 사용하는 목사가 둘 있습니다. 그들은 이찬수와 유기성입니다. 보수나 진보의 의미는 모두 진리가 아니며 성경적인 용어도 아닙니다. 보수와 진보는 인문학 용어입니다.

다만 보수적인 성향을 가진 사람들이 기독교 가치관과 부합하는 면이 많으며 진보적인 가치관은 기독교를 반하는 성향이 더 강한 것일 뿐입니다. 그러므로 목사가 사회과학 용어인 보수나 진보를 많이 언급하면 그 사람은 이미 영적인 것과는 거리가 먼 사람입니다.

이들은 악하고 나쁜 것을 다른 것이라는 언어로 교묘하게 위장하여 속이기를 잘 합니다. 그때에 이들이 즐겨 사용하는 단어가 보수와 진보입니다. 예를 들면 동성연애는 죄인데 이들은 동성연애가 이성연애와 다른 것이라고 정의를 합니다. 그런 후에 동성연애를 반대하면 보수이고 동성연애를 인정하면 진보라고 말합니다.

이 말 안에는 동성연애는 죄가 아니라는 의미가 숨어 있습니다. 보수와 진보라는 단어를 사용하여 사람들에게 진리에 대한 혼돈을 조장하는 것입니다. 이러한 일에 뛰어난 자들이 유기성과 이찬수입니다.

유기성은 WCC가 장점도 있고 단점도 있다고 말합니다. 이 말은 사탄도 장점이 있고 단점도 있다고 말하는 것과 같은 것입니다. 이찬수는 믿는 자들이 참 보수이며 동시에 참 진보이어야 한다고 말합니다. 이 말은 믿는 자들이 하나님도 섬기고 바알도 섬겨야 한다고 말하는 것과 같습니다. 유기성과 이찬수가 사용하는 미혹의 전략이 바로 이것입니다.

이찬수는 이처럼 자신이 빨갱이인 것을 끝까지 부인하며 감추려 하지만 하나님은 이미 그의 정체를 드러냈습니다. 이찬수가 항상 신경질적인 설교를 하고 불안하게 변명만 하고 다니는 이유가 드러난 것입니다.

그럼에도 불구하고 그의 사진은 늘 웃는 표정을 합니다. 속이는 것입니다. 이 자는 웃는 양의 탈을 쓰고 있는 이리입니다. 도둑질하는 빨갱이 문재인에게 짖지 않는 이찬수는 벙어리 개입니다.

골수 빨갱이를 목사로 둔 분당우리 교회 교인들만큼 불쌍한 사람들이 없습니다. 왜냐하면 양들은 목자와 운명을 같이 하기 때문입니다. 이들은 그 교회를 떠나지 않으면 이찬수와 함께 지옥 유황불로 떨어질 것이 분명하니 불쌍한 것입니다.

이상으로 대한민국의 대표적인 빨갱이 목사 네 사람에 대하여 살펴보았습니다. 이 네 사람의 첫째 특징은 많은 사람들이 좋게 여긴다는 것입니다. 많은 사람들이 좋게 여기면 거짓 목사라는 성경 말씀이 지금 이들에게 응하고 있습니다. 누가복음 6장 26절을 보겠습니다.

"모든 사람이 너희를 칭찬하면 화가 있도다 그들의 조상들이 거짓 선지자들에게 이와 같이 하였느니라" (눅 6:26).

이 예언의 말씀을 응하게 하는 네 명의 빨갱이 목사는 이영훈, 소강석, 유기성, 이찬수입니다. 그 외에도 많이 있지만 여기서는 대표적인 벙어리 개 네 마리만 소개하였습니다.

지금 대한민국은 큰 전쟁을 하고 있습니다. 이 전쟁은 공중 권세 잡은 악한 영과 벌이는 전쟁입니다. 이 전쟁은 거짓 목사들과의 전쟁입니다. 빨갱이 목사들과의 전쟁입니다. 전쟁에 이기려면 우선 적이 누구인지 알아야 합니다. 지금 하나님이 화살의 과녁을 보여주고 있습니다. 이들은 대형교회의 빨갱이 목사들입니다. 이들은 나라의 위급함을 보고도 침묵하고 있는 벙어리 목사들입니다.

여러분의 목사가 국가의 위태함을 설교하지 않는다면 그 목사는 둘 중에 하나입니다. 벙어리이거나 맹인입니다. 빨갱이 목사이거나 음란하고 탐심에 눈 먼 거짓 목사입니다. 이들은 미련한 자, 쓸모 없는 자, 비천한 자, 위선자, 음란한 자, 구원받지 못한 자로 비유되는 개들입니다. 성경은 이들을 벙어리 개라고 말씀합니다.

여러분이 이 전쟁에서 승리하기 원한다면 우선 거짓 목사, 빨갱이 목사의 교회를 떠나십시오. 참 교회로 인도될 때까지 집에서 기도하고 예배하십시오. 그리하여 땅이 갈라져 고라와 함께 망한 사람들처럼 되지 마십시오. 지금 여러분의 교회 바닥이 갈라지려고 합니다.

6
미혹 받지 않는 법

"우리는 하나님께 속하였으니 하나님을 아는 자는 우리의 말을 듣고
하나님께 속하지 아니한 자는 우리의 말을 듣지 아니하나니 진리의
영과 미혹의 영을 이로써 아느니라" (요한일서 4:6).

　사람들은 살면서 사기를 당하는 경우가 있습니다. 사기는 거짓말
에 능한 사람에게 속아서 물질적인 손해를 보는 것입니다. 속여서 남
의 재산을 빼앗는 자를 사기꾼이라고 부르는데 이들의 특징은 사기
를 치는 분야에 상당한 지식과 정보를 가지고 있다는 것입니다.

　믿는 사람들만 당하는 사기가 있습니다. 신앙 생활을 잘못하도록
속이는 것입니다. 그리하여 영혼을 빼앗아 갑니다. 이것을 미혹이라
고 합니다. 미혹하는 자들도 세상 사기꾼들과 동일한 면이 있습니다.
자신의 분야에 상당한 지식과 정보를 가지고 있습니다. 즉 성경을 잘
아는 자들입니다.

　세상의 사람들이 사기를 당하는 이유는 욕심 때문이며 사기꾼을
좋은 사람으로 여겼기 때문입니다. 쉽게 빨리 큰 수익을 올린다는 말
에 속아 돈을 맡겼다가 결국 떼이는 것입니다. 사기꾼도 나쁘지만 속
는 사람도 어리석은 것이며 탐심이라는 죄의 결과로 벌을 받는 것입

니다.

믿는 사람이 미혹을 당하는 원리도 세상 사람들이 사기를 당하는 원리와 비슷합니다. 영적인 사기꾼을 분별하지 못하고 좋은 사람으로 여겼기 때문입니다. 그런데 영적인 사기를 당하는 것은 금전을 사기 당하는 것보다 훨씬 더 심각한 문제입니다. 왜냐하면 일반 사기꾼은 돈을 훔쳐가는데 그치지만 영적 사기꾼은 사람의 영혼을 훔쳐 가기 때문입니다.

일반 사기와 영적인 사기의 가장 큰 차이는 일반 사기는 어느 정도 시간이 흐르면 자신이 사기를 당한 줄을 알게 되지만 영적이 사기는 죽을 때까지 자신이 사기를 당하였는 지 알 수 없다는 것입니다. 즉 죽어 지옥에 떨어진 후에야 자신이 속았다는 것을 알게 됩니다.

지금 한국의 많은 교인들이 영적 사기꾼인 거짓 목사들에게 속고 있거나 속을 위험에 처해있습니다. 마태복음 24장 24절을 보겠습니다.

"거짓 그리스도들과 거짓 선지자들이 일어나 큰 표적과 기사를 보여 할 수만 있으면 택하신 자들도 미혹하리라" (마 24:24).

여기서 택하신 자들이란 크리스천들을 의미하는 것입니다. 사탄은 믿지 않는 자들을 신경 쓰지 않습니다. 왜냐하면 그들은 스스로 지옥 문으로 들어가고 있기 때문입니다. 믿는 자들을 다시 믿지 않게 하여 지옥으로 끌고 가기는 쉽지 않습니다. 그리하여 사탄이 쓰는 수법이 잘 못 믿게 하는 것입니다. 교인들이 믿음 생활을 잘 못하도록 속이는 것입니다. 이러한 사명을 받은 자들이 거짓 목사들입니다. 이사야 9장 16절을 보겠습니다.

> "백성을 인도하는 자가 그들을 미혹하니 인도를 받는 자들이 멸망을 당하는도다"(사 9:16).

여기서 백성을 인도하는 자는 거짓 주의 종을 의미합니다. 그들이 백성을 미혹합니다. 교인들을 속여 지옥으로 끌고 가는 자들이 바로 교회 안의 목사들입니다.

많은 교인들이 자신의 교회의 담임 목사가 거짓 목사인 줄 모릅니다. 지금은 마지막 때이고 자신의 교회의 목사를 검증해야 할 때입니다. 그러나 미혹된 사람은 진리의 영과 미혹의 영을 분별할 수 없습니다. 교인들 스스로가 자신이 미혹되었는 지를 우선 검증해 보아야 합니다.

디모데전서 6장 10절과 야고보서 1장 14절을 보겠습니다.

> "돈을 사랑함이 일만 악의 뿌리가 되나니 이것을 탐내는 자들은 미혹을 받아 믿음에서 떠나 많은 근심으로써 자기를 찔렀도다"(딤전 6:10).
> "오직 각 사람이 시험을 받는 것은 자기 욕심에 끌려 미혹됨이니"(약 1:14).

이 구절은 교인의 마음에 욕심이 있으면 미혹된다고 합니다. 그러니 스스로 재물을 사랑하고 저축하고 있는 지를 확인함으로써 자신이 미혹되었는지 또는 앞으로 미혹 받을 가능성이 있는지 판단할 수 있습니다.

잠언 20장 1절을 보겠습니다.

"포도주는 거만하게 하는 것이요 독주는 떠들게 하는 것이라 이에 미혹되는 자마다 지혜가 없느니라" (잠 20:1).

이 구절은 지혜가 없으면 미혹된다고 말씀합니다. 교인들은 성경 말씀을 생활에 적용하는 지혜가 필요합니다. 그렇다면 우선 성경을 아는 지식이 있어야 합니다. 성경 지식이 있더라도 그것을 생활에 적용하고 실천하는 것은 별개의 문제입니다.

성경 지식과 아울러 삶에 잘 적용하여 실천하는 지혜가 있는 지를 스스로 점검해야 합니다. 그럼으로써 자신이 미혹 되었는지, 앞으로 미혹 받을 위험이 있는지 판단할 수 있습니다. 성경을 아는 지식과 성경 말씀대로 행하고 적용하는 지혜 두 가지 모두 있어야 미혹 받지 않을 수 있습니다.

미혹을 받게 되는 원인 세 가지를 살펴보았습니다. 그것은 성경에 대한 지식이 없고 성경 말씀을 삶에 적용하는 지혜가 없고 탐심이 있기 때문입니다. 미혹의 원인을 알았으니 해결 방법을 찾을 수 있습니다.

첫째, 성경에 대한 지식을 쌓아야 합니다. 성경 지식을 얻기 위하여는 성경을 읽고 묵상하는 방법밖에 없습니다. 그러니 시간을 가능한 많이 내어 열심으로 성경을 읽고 공부해야 합니다.

둘째, 성경 말씀을 삶에 적용하는 지혜는 하나님께 구하면 받을 수 있습니다. 야고보서 1장 5절을 보겠습니다.

"너희 중에 누구든지 지혜가 부족하거든 모든 사람에게 후히 주시고 꾸짖지 아니하시는 하나님께 구하라 그리하면 주시리라" (약 1:5).

성경을 알아도 실천하기 어려울 때가 있습니다. 적용하는 방법을 몰라서 못할 경우도 있습니다. 이러한 경우에는 기도하여 하나님께 지혜를 구해야 합니다.

셋째, 탐심을 해결하는 문제를 살펴보겠습니다. 성경 지식과 지혜를 갖는 것은 살펴본 대로 그리 어려운 일이 아닙니다. 말씀과 기도 생활을 성실하게 하면 됩니다. 그러나 탐심을 버리는 문제는 교인들이 가장 어렵게 여기고 실천하지 못하는 것 중에 하나입니다.

그 첫째 이유는 잘못 배웠기 때문입니다. 목사들이 세상에서 재물을 쌓고 부유하게 누리며 살아도 천국을 갈 수 있다고 가르치기 때문입니다. 두 번째는 돈 욕심의 본능을 절제하지 못하기 때문입니다. 목사의 틀린 가르침과 죄성 있는 본능이 결합하여 교인들의 마음에 탐심이 견고한 진으로 자리를 하고 있으므로 좀처럼 탐심을 버리지 못합니다.

이 문제는 자신의 의지로 행하여야 합니다. 물론 성령의 도움을 구하여야 하지만 하나님은 인간에게 자유 의지를 주었고 성령은 인격적입니다. 그러므로 그것이 선 하든 악하든 성령은 인간의 의지와 행동을 존중합니다. 그러므로 탐심을 없애려면 여러분 스스로의 의지로 재물을 팔아 가난한 자에게 주기로 결심하고 행하여야 합니다.

삭개오는 그렇게 하였습니다. 단번에 결심하고 단번에 모든 재물을 가난한 자와 속여 빼앗은 자에게 돌려주었습니다. 그리하여 단번에 구원받았습니다. 누가복음 19장 8절, 9절을 보겠습니다.

> "삭개오가 서서 주께 여짜오되 주여 보시옵소서 내 소유의 절반을 가난한 자들에게 주겠사오며 만일 누구의 것을 속여 빼앗은 일이 있으면 네 갑절이나 갚겠나이다" "예수께서 이르시되 오늘 구원이 이 집에 이르렀으니 이 사람도 아브라함의 자손임이로다" (눅 19:8-9).

주님이 삭개오에게 그러한 마음이 생기도록 초자연적으로 기적을 일으킨 것이 아닙니다. 삭개오가 스스로 행한 것입니다. 삭개오는 재물을 가난한 자에게 나누어 줌으로써 탐심을 버리는 데 성공하였고 탐심을 버리자 마자 구원받았습니다.

이상으로 미혹 받게 하는 원인 세 가지와 그것을 극복하는 방법에 대하여 나누어 보았습니다. 지금 현대의 교인들이 이 세 가지가 원인이 되어 사기꾼에게 속아 넘어가고 결국 구원을 잃고 있습니다. 너무 중요하므로 다시 한번 말씀합니다. 첫째, 성경을 아는 지식이 없고 둘째, 성경을 삶에 적용하는 지혜가 없고 셋째, 탐심이 있기 때문에 미혹 받게 됩니다.

이 문제가 해결되지 않으면 로마서 16장 18절 말씀에 등장하는 자들에게 미혹 받습니다.

"이같은 자들은 우리 주 그리스도를 섬기지 아니하고 다만 자기들의 배만 섬기나니 교활한 말과 아첨하는 말로 순진한 자들의 마음을 미혹하느니라" (롬 16:18).

그리하여 디모데전서 4장 1절 말씀이 응하게 됩니다.

"그러나 성령이 밝히 말씀하시기를 후일에 어떤 사람들이 믿음에서 떠나 미혹하는 영과 귀신의 가르침을 따르리라 하셨으니" (딤전 4:1).

그러므로 데살로니가후서 2장 3절 말씀을 명심하십시오.

"누가 어떻게 하여도 너희가 미혹되지 말라 먼저 배교하는 일이 있고 저 불법의 사람 곧 멸망의 아들이 나타나기 전에는 그 날이 이르지 아니하리니" (살후 2:3).

그리고 본문 말씀 요한일서 4장 6절을 기억하십시오.

"우리는 하나님께 속하였으니 하나님을 아는 자는 우리의 말을 듣고 하나님께 속하지 아니한 자는 우리의 말을 듣지 아니하나니 진리의 영과 미혹의 영을 이로써 아느니라" (요일 4:6).

하나님께 속한 주의 종을 만나십시오. 그의 말을 들으십시오. 마지막 때에 하나님께 속한 자의 말을 듣고 그대로 행하는 사람과 행

하지 않는 사람이 있을 것입니다. 이로써 진리의 영과 미혹의 영을
분별할 수 있습니다.

7
교회가 문을 닫은 이유

"너희가 살진 양을 잡아 그 기름을 먹으며 그 털을 입되 양 떼는 먹이지 아니하는도다"(에스겔 34:3).
"주 여호와께서 이같이 말씀하시되 내가 목자들을 대적하여 내 양 떼를 그들의 손에서 찾으리니 목자들이 양을 먹이지 못할 뿐 아니라 그들이 다시는 자기도 먹이지 못할지라 내가 내 양을 그들의 입에서 건져내어서 다시는 그 먹이가 되지 아니하게 하리라"(에스겔 34:10).
"내가 친히 내 양의 목자가 되어 그것들을 누워 있게 할지라 주 여호와의 말씀이니라"(에스겔 34:15).

성경은 거짓 주의 종에 관한 책이라고 해도 과언이 아닐 정도로 그들에게 대한 언급을 많이 합니다. 구약은 성경 전체를 관통하며 거짓 선지자와 거짓 제사장들의 패악에 대하여 다룹니다.

신약은 예수님을 죽인 거짓 주의 종들인 바리새인과 서기관들의 죄 성에 대한 이야기로 가득합니다. 예수님이 죽으신 후 사도들이 사역을 하던 때에도 거짓 교사들이 많았으며 사도들은 이들과 싸웠고 이들에게 속지 말 것을 가르쳤습니다.

거짓 주의 종들에 대하여 언급한 몇 구절을 보겠습니다. 예레미야 5장 31절을 보겠습니다.

"선지자들은 거짓을 예언하며 제사장들은 자기 권력으로 다스리며 내 백성은 그것을 좋게 여기니 마지막에는 너희가 어찌하려느냐" (렘 5:31).

예레미야 23장 14절을 보겠습니다.

"내가 예루살렘 선지자들 가운데도 가증한 일을 보았나니 그들은 간음을 행하며 거짓을 말하며 악을 행하는 자의 손을 강하게 하여 사람으로 그 악에서 돌이킴이 없게 하였은즉 그들은 다 내 앞에서 소돔과 다름이 없고 그 주민은 고모라와 다름이 없느니라" (렘 23:14).

마태복음 23장 27절, 28절을 보겠습니다.

"화 있을진저 외식하는 서기관들과 바리새인들이여 회칠한 무덤 같으니 겉으로는 아름답게 보이나 그 안에는 죽은 사람의 뼈와 모든 더러운 것이 가득하도다" "이와 같이 너희도 겉으로는 사람에게 옳게 보이되 안으로는 외식과 불법이 가득하도다" (마 23:27-28).

베드로후서 2장 14절, 15절을 보겠습니다.

"음심이 가득한 눈을 가지고 범죄하기를 그치지 아니하고 굳세지 못한 영혼들을 유혹하며 탐욕에 연단 된 마음을 가진 자들이니 저주의 자식이라" "그들이 바른 길을 떠나 미혹되어 브올의 아들 발람의 길을 따르는도다 그는 불의의 삯을 사랑하다가" (벧후 2:14-15).

이상의 거짓 주의 종에 대한 말씀을 종합하면 그들은 거짓을 예언하고 권력으로 백성을 다스립니다. 간음하고 거짓말합니다. 악한 자를 도웁니다. 겉은 깨끗해 보이나 속은 더러운 이중 인격자입니다. 불법이 가득하고 음란한 삯꾼들입니다.

이들의 특징은 현대의 거짓 목사들의 특징과 동일합니다. 하나님은 이러한 거짓 주의 종들이 모든 악의 근원이며 소돔과 고모라처럼 멸망할 것이라고 하였습니다. 예수님은 이들이 사람들을 지옥으로 끌고 가고 자신들도 지옥의 심판을 받을 자들이라고 저주하였습니다. 마태복음 23장 15절과 33절을 보겠습니다.

> "화 있을진저 외식하는 서기관들과 바리새인들이여 너희는 교인 한 사람을 얻기 위하여 바다와 육지를 두루 다니다가 생기면 너희보다 배나 더 지옥 자식이 되게 하는도다" (마 23:15).
> "뱀들아 독사의 새끼들아 너희가 어떻게 지옥의 판결을 피하겠느냐" (마 23:33).

하나님은 이러한 독사의 자식들이 계속하여 사람들의 영혼을 지옥으로 끌고가는 것을 더 이상 방관하지 않겠다고 합니다. 하나님은 불쌍한 양들을 거짓 목자들에게서 구해내어 직접 먹일 것이라고 말씀합니다. 본문 말씀을 다시 보겠습니다.

> "너희가 살진 양을 잡아 그 기름을 먹으며 그 털을 입되 양 떼는 먹이지 아니하는도다" (겔 34:3).

"주 여호와께서 이같이 말씀하시되 내가 목자들을 대적하여 내 양 떼를 그들의 손에서 찾으리니 목자들이 양을 먹이지 못할 뿐 아니라 그들이 다시는 자기도 먹이지 못할지라 내가 내 양을 그들의 입에서 건져내어서 다시는 그 먹이가 되지 아니하게 하리라" (겔 34:10).
"내가 친히 내 양의 목자가 되어 그것들을 누워 있게 할지라 주 여호와의 말씀이니라" (겔 34:15).

목자들이 양들을 먹이기는 커녕 오히려 양들을 잡아먹습니다. 이 말씀을 현대의 교회에 비유하면 목사가 교인들에게 영의 양식은 먹이지 못하고 연보를 받아 자기 배만 채우는 것을 의미합니다. 언제인가 목자들은 굶기고 양들은 주님이 직접 먹일 것이라고 예언하였습니다.

코로나 전염병으로 모든 모임을 절제하라는 행정 명령이 내려졌습니다. 그 중에는 교회도 포함됩니다. 많은 교회들이 모여서 예배를 드리지 못하고 있습니다. 참새 한 마리가 떨어져 한 앗사리온에 팔리는 것도 하나님의 뜻이 없으면 이루어지지 않습니다. 참새의 운명보다 더 큰 일인 한국 교회의 대부분이 문을 닫는 일은 하나님의 섭리가 아니면 이루어 질 수 없습니다.

어떤 교회들은 건물 안에 모여 예배를 드립니다. 정부의 행정 명령에도 불구하고 전염병 감염과 전파의 위험을 무릅쓰면서 교회에 모이는 명분은 크게 두 가지 입니다.

첫째는 하나님께 드리는 예배가 전염병 감염의 문제보다 더 중요하기 때문에 모인다고 합니다. 둘째는 자신들은 믿음으로 모이므로 전염병에 걸리지 않을 것이라고 여깁니다. 문을 닫은 교회들보다 믿음이 더 좋은 것을 과시합니다.

그러나 교회의 이러한 태도는 바르지 않습니다. 왜냐하면 첫째는 권위에 불순종하는 것이기 때문입니다. 성경은 정부의 권위에 순종하라고 가르칩니다. 정부가 종교를 탄압하기 위한 목적으로 교회의 모임을 금한다면 이것은 저항하여야 할 일입니다. 그러나 현재 정부의 명령은 전염병 전파를 줄이고 국민의 건강과 생명을 보호하기 위한 것이므로 교회는 순종하여야 마땅합니다.

교회가 모이는 것이 바르지 않은 두 번째 이유는 전염병이 스스로의 건강과 생명이 걸린 문제이기도 하지만 다른 사람의 건강과 생명에도 영향을 줄 수 있는 중대한 문제이기 때문입니다. 그러므로 전염병 확산의 위험을 무릅쓰고 교회가 모이는 것은 이기적인 행태이며 하나님도 기뻐하지 않습니다.

어떤 사람들은 정부가 교회 안에 모이는 것을 자제하라고 명령하는 것을 기독교 탄압으로 간주를 합니다. 이 정권이 공산주의 사상에 빠져 있으므로 기독교를 싫어하고 탄압하고 싶은 마음이 있을 개연성은 큽니다.

그럼에도 불구하고 모임을 금지하는 행정 명령을 기독교 탄압이나 종교의 자유를 침해하는 것으로 몰아가는 것은 정직하지 않습니다. 왜냐하면 정부의 조치는 다수의 모임을 금지하는 것이지 예배를 금지하는 것이 아니기 때문입니다.

이 문제를 짚고 넘어가는 이유는 교인들을 호도할 위험이 있기 때문입니다. 예배를 강행하는 교회는 정부의 탄압에 저항하는 참 교회이고 예배를 중단한 교회는 비겁하고 믿음이 없는 교회인 듯이 프레임을 만들어 교회 간의 갈등과 교회와 정부간의 대립을 조장할 수 있기 때문입니다.

교회들은 정부의 행정 명령을 잘 따라야 합니다. 그리고 지금의 상황을 정부가 기독교를 탄압하려는 목적을 가진 것으로 호도하는 사람들도 그러한 행동을 중단해야 할 것입니다. 그렇게 하는 것은 빨갱이들이 쓰는 수법입니다.

한국 정부는 코로나 사태 이전까지는 강제로 교회의 문을 닫게 한 적이 없습니다. 지금 많은 교회가 문을 닫은 것은 하나님의 뜻입니다. 본문 말씀이 응하고 있는 것입니다. 즉 거짓 목자들로부터 양들을 건져내고 있는 것입니다.

지금 문을 닫아야 하는 교회는 건물 안에서 모이는 교회들입니다. 교회를 건물로 여기는 곳입니다. 최소한 수십 명 이상이 모이는 곳입니다. 그러나 문을 닫을 필요가 없는 교회들도 있습니다. 그곳은 가정 교회들입니다. 소수의 사람들이 모이는 곳입니다. 교회를 건물로 여기지 않는 교회입니다.

여기에 하나님의 섭리가 있습니다. 이제 초대교회로 돌아가야 할 때가 온 것입니다. 가정에서 소수만 모여서 예배를 드리도록 하나님께서 인도하고 있습니다. 진정한 예배는 거룩한 삶을 사는 것입니다. 계명을 지켜 행하는 것입니다. 그런 사람들이 모여서 함께 찬양하고 성경을 읽고 기도하는 것이 하나님이 받는 예배입니다.

예배는 부부 둘이서 드려도 되고 엄마와 아들 둘이서 드려도 됩니다. 함께 할 사람이 없다면 혼자 예배를 드리면서 함께 할 사람을 찾으십시오. 둘 이상 모이면 교회입니다. 목사가 반드시 필요한 것은 아닙니다. 요한일서 2장 27절을 보겠습니다.

"너희는 주께 받은 바 기름 부음이 너희 안에 거하나니 아무도 너희를 가르칠 필요가 없고 오직 그의 기름 부음이 모든 것을 너희에게 가르치며 또 참되고 거짓이 없으니 너희를 가르치신 그대로 주 안에 거하라" (요일 2:27).

하나님의 기름 부음이 가르치므로 교사가 필요 없습니다. 즉 성령이 교사가 되어 여러분을 가르칠 수 있습니다. 하나님은 성경을 통하여 가르치고 성령의 감동으로 말씀합니다. 이렇게 하는 것이 하나님이 친히 양들을 먹이는 것이며 본문 말씀이 응하는 것입니다.

목사는 잘못 가르칠 수 있지만 성경과 성령은 항상 바르게 가르칩니다. 그렇다고 목사가 필요 없다는 뜻은 아닙니다. 참 목사는 필요합니다. 그러나 지금 하나님이 흩고 있는 교회는 참 목사가 없는 곳입니다.

지금 하나님이 코로나 전염병으로 자신의 양들을 거짓 목자로부터 흩고 있습니다. 하나님이 흩을 때에 흩어지십시오. 그리하여 거짓 목자의 먹이가 되지 마십시오. 이제 그 동안 섬겼던 교회를 돌아보십시오. 그 목사의 가르침을 상기해 보십시오. 스스로의 믿음을 점검해 보십시오.

그리고 다시 그 교회로, 그 목사에게로 돌아가야 할지 묵상해보십시오. 여러분이 막연히 코로나가 진정되고 다시 그 교회로, 거짓 목사의 교회로 돌아가기만 기다린다면 아마 주님 오실 때까지 교회를 떠나 있어야할 지 모릅니다.

그러니 이제 하나님이 직접 먹이는 꼴을 받아먹으십시오. 성경과 성령을 의지하여 가정 교회를 이루십시오. 참 목자를 만나십시오. 참 교회는 사람의 눈으로 찾아지지 않습니다. 그 교회는 이름도 간판도 없을 지 모릅니다. 그러므로 참 교회는 오직 성령만이 찾아줄 수 있습니다.

마태복음 7장 7절 말씀을 보겠습니다.

"구하라 그리하면 너희에게 주실 것이요 찾으라 그리하면 찾아낼 것이요 문을 두드리라 그리하면 너희에게 열릴 것이니" (마 7:7).

참 교회를 찾기 위해 두드리십시오. 그리하면 열릴 것입니다. 갈급한 심령으로 구하십시오. 그리하면 주실 것입니다.

8
담임 목사를 믿지 말라

"이스라엘 자손들아 여호와의 말씀을 들으라 여호와께서 이 땅 주민
과 논쟁하시나니 이 땅에는 진실도 없고 인애도 없고 하나님을 아는
지식도 없고"(호세아 4:1).
"내 백성이 지식이 없으므로 망하는도다 네가 지식을 버렸으니 나도
너를 버려 내 제사장이 되지 못하게 할 것이요 네가 네 하나님의 율
법을 잊었으니 나도 네 자녀들을 잊어버리리라"(호세아 4:6).

　지금 이 설교를 듣는 사람들 중에 자신이 섬기는 교회의 담임 목
사가 거짓 목사일 것이라고 생각하는 사람은 없을 것입니다. 따라서
자신의 교회의 목사를 참 목사로 생각하는지 여부에 대한 설문 조사
를 하여 그 결과로 판단한다면 지금 목회를 하는 목사들은 대부분
이 참 목사일 것이라는 결과를 얻게 될 것입니다. 그렇다면 실제로
한국 교회의 현실이 그러할까요?

　성경의 역사는 거짓 목사의 비율이 압도적으로 높은 것을 보여주
고 있습니다. 구약의 때에 거짓 목사가 많았다는 것은 선지자 엘리야
혼자서 상대하여 싸운 거짓 선지자가 850명이었다는 사실과 아합 왕
앞에서 예언한 참 선지자는 미가야 한 사람이었고 거짓 선지자는
400명이었다는 사실에서 알 수 있습니다.

예수님의 때에 거짓 교사가 많았다는 것은 그 당시에 바리새인 니고데모 한 사람 제외하고 모든 바리새인과 서기관들과 장로들이 예수를 대적하였다는 사실에서 알 수 있습니다. 바울의 때에 거짓 교사가 많았다는 것은 고린도후서 2장 17절에 잘 나타나 있습니다.

> "우리는 수많은 사람들처럼 하나님의 말씀을 혼잡하게 하지 아니하고 곧 순전함으로 하나님께 받은 것 같이 하나님 앞에서와 그리스도 안에서 말하노라"(고후 2:17).

바울은 수많은 사람들이 하나님의 말씀을 혼잡하게 하는 거짓 교사이지만 자신은 참 교사라고 말합니다. 이 구절은 바울이 사역을 하던 때에도 거짓 교사가 엄청나게 많았던 사실을 보여줍니다.

이러한 역사와 말세에 거짓 선지자들이 많이 일어날 것이라는 예수님의 예언을 미루어 보면 현대의 교회 안에는 구약의 때나 예수님의 때나 바울의 때보다 더 많은 거짓 목사들이 있을 것이라고 쉽게 추정할 수 있습니다.

그렇다면 자신이 섬기는 교회의 담임 목사가 참 목사일 것으로 판단하는 사람들 중에 많은 사람들은 틀린 판단을 한 것이라는 논리가 성립됩니다. 다르게 표현하면 많은 한국 교인들이 실제로 자신의 담임 목사에게 미혹 받고 있는 것이 분명합니다.

성경은 미혹 받지 않도록 주의하라고 경고합니다. 베드로후서 3장 17절을 보겠습니다.

"그러므로 사랑하는 자들아 너희가 이것을 미리 알았은즉 무법한 자들의 미혹에 이끌려 너희가 굳센 데서 떨어질까 삼가라"(벧후 3:17).

여기서 무법한 자는 거짓 목사입니다. 거짓 목사들이 교인을 미혹합니다. 미혹은 속인다는 의미입니다. 교인들이 목사에게 속는 이유는 교인들이 하나님을 아는 지식이 없기 때문입니다. 성경을 몰라 거짓 목사에게 미혹됩니다. 본문 말씀을 다시 보겠습니다.

"이스라엘 자손들아 여호와의 말씀을 들으라 여호와께서 이 땅 주민과 논쟁하시나니 이 땅에는 진실도 없고 인애도 없고 하나님을 아는 지식도 없고"(호세아 4:1).
"내 백성이 지식이 없으므로 망하는도다 네가 지식을 버렸으니 나도 너를 버려 내 제사장이 되지 못하게 할 것이요 네가 네 하나님의 율법을 잊었으니 나도 네 자녀들을 잊어버리리라"(호세아 4:6).

여기서 주목하려는 것은 내 백성이 하나님을 아는 지식이 없어 망한다는 말씀입니다. 하나님을 아는 지식은 성경 안에 있습니다. 즉 이 구절은 사람들이 성경을 모르므로 망한다고 말씀합니다.

거짓 목사는 교인들을 지옥으로 끌고 가는 것이 사명인데 그 수단이 바로 성경 말씀입니다. 성경을 잘못 풀어 교인을 지옥 자식이 되게 합니다. 그러므로 교인들이 망하지 않으려면 성경을 아는 지식이 있어야 합니다. 마태복음 23장 15절을 보겠습니다.

"화 있을진저 외식하는 서기관들과 바리새인들이여 너희는 교인 한 사람을 얻기 위하여 바다와 육지를 두루 다니다가 생기면 너희보다 배나 더 지옥 자식이 되게 하는도다" (마 23:15).

서기관들과 바리새인들은 지금의 목사들입니다. 예수님은 이들이 교인을 지옥으로 끌고 간다고 매우 직선적으로 말씀하였습니다. 즉 예수님은 여러분의 담임 목사가 여러분을 지옥으로 끌고 간다고 말씀하고 있는 것입니다.

그럼에도 불구하고 이 설교를 듣는 교인들 중에는 자신의 담임 목사는 그런 사람이 아니라고 마음 속으로 부인하는 사람들이 있을 것입니다. 오히려 그러한 사람들이 미혹된 사람들일 가능성이 더 높습니다. 그러니 여러분은 하나님을 아는 지식이 판단해 줄 때까지 여러분의 목사에 대한 판단을 유보하십시오. 그리고 성경을 주야로 묵상하십시오.

지금부터 하루에 두 시간 이상 성경을 읽으십시오. 쉬는 날에는 더 오래 동안 성경을 읽으십시오. 성경책을 손에서 놓지 마십시오. 그리하여 누구에게도 속지 않을 정도로 하나님을 아는 지식을 풍성하게 쌓으십시오.

그런 후에 여러분의 담임 목사를 성경 말씀에 비추어 보십시오. 성령이 성경 말씀에 근거하여 판단해 줄 것입니다. 마지막 때에 성경을 모르면 망합니다. 여러분의 담임 목사에게 미혹 받아 망합니다.

영혼을 살리는 설교 5

III
미혹과 싸우라

9
믿음 없는 남편을 경계하라

"또한 나는 그의 앞에 완전하여 나의 죄악에서 스스로 자신을 지켰
나니" "그러므로 여호와께서 내 의를 따라 갚으시되 그의 목전에서
내 손이 깨끗한 만큼 내게 갚으셨도다" (시편 18:23-24).

성경은 손이 깨끗하다는 표현을 자주 사용합니다. 이 표현은 실제
로 손을 씻어서 깨끗하다는 의미보다는 죄를 짓지 않았다는 비유로
주로 사용됩니다. 본문 구절도 그러한 의미로 말씀합니다.

다윗은 죄악에서 스스로를 지켰다고 말합니다. 이어서 내 손이 깨
끗한 만큼 하나님께서 갚으셨다고 합니다. 이 말씀은 다윗이 죄를
짓지 않아서 하나님이 상급을 주었다는 의미입니다.

거룩한 손을 들어 기도하라는 말씀이 있습니다. 디모데전서 2장 8
절을 보겠습니다.

"그러므로 각처에서 남자들이 분노와 다툼이 없이 거룩한 손을 들어 기도
하기를 원하노라" (딤전 2:8).

여기서 손은 삶을 의미합니다. 즉 거룩한 손을 들어 기도하라는 것은 거룩한 삶을 살고 와서 기도하라는 것입니다. 생활 중에는 죄를 짓고 교회 안에서 손을 들어 찬양하는 사람들이 있습니다. 이러한 사람들은 거룩한 손을 들어 찬양하는 것이 아닙니다.

이러한 사람의 찬양은 그 소리가 매우 커도, 손을 아무리 높이 들어 찬양하여도 하나님께서 받지 않습니다. 그러므로 하나님을 찬양하기 위하여는 손을 깨끗이 해야 합니다. 삶이 거룩해야 합니다.

성경에는 손에 피를 묻힌다는 표현이 자주 나옵니다. 이 말은 죄를 짓는다는 의미인데 특별히 사람을 살상하는 죄를 의미합니다. 손에 피가 묻으면 손이 깨끗하지 않습니다. 그러므로 손에 피를 묻히지 않는 것과 손이 깨끗한 것은 같은 의미의 비유입니다.

사무엘하 3장 28절을 보겠습니다.

"그 후에 다윗이 듣고 이르되 넬의 아들 아브넬의 피에 대하여 나와 내 나라는 여호와 앞에 영원히 무죄하니"(삼하 3:28).

다윗이 아브넬을 새로운 군 지휘관으로 영입하였습니다. 그런데 요압이 자신의 동생 아사헬을 죽였던 아브넬을 복수하는 마음으로 살해하였습니다. 그 때에 다윗은 아브넬이 흘린 피에 대하여 자신은 무죄하다고 하였습니다. 다윗이 아브넬을 죽이지 않았다는 것입니다. 즉 다윗의 손은 깨끗하다고 말한 것입니다.

마태복음 27장 24절을 보겠습니다.

"빌라도가 아무 성과도 없이 도리어 민란이 나려는 것을 보고 물을 가져다가 무리 앞에서 손을 씻으며 이르되 이 사람의 피에 대하여 나는 무죄하니 너희가 당하라" (마 27:24).

빌라도는 예수님이 죄가 없으므로 놓아주려고 하였습니다. 그러나 유대인들은 예수님을 못 박으라고 외쳤습니다. 그러자 빌라도는 할 수 없이 예수님을 죽게 하였는 이 때에 빌라도는 이 사람의 피에 대하여 무죄하다고 말합니다. 즉 자신의 손은 깨끗하다는 것입니다. 시편 73장 13절을 보겠습니다.

"내가 내 마음을 깨끗하게 하며 내 손을 씻어 무죄하다 한 것이 실로 헛되도다" (시 73:13).

이 구절도 죄가 없다는 의미를 손을 씻었다고 표현합니다.
다음은 야고보서 4장 8절을 보겠습니다.

"하나님을 가까이하라 그리하면 너희를 가까이하시리라 죄인들아 손을 깨끗이 하라 두 마음을 품은 자들아 마음을 성결하게 하라" (약 4:8).

이 말씀도 죄인들에게 더 이상 죄를 짓지 말라는 의미로 손을 깨끗이 하라는 표현을 합니다. 이상으로 손을 깨끗이 하라는 성경 말씀이 죄를 짓지 말라는 의미의 비유로 사용되는 예들을 살펴보았습니다.

지금부터는 손을 깨끗이 하라는 비유의 말씀을 부부의 삶에 적용해보겠습니다. 믿는 부인이 믿지 않는 남편으로 인해 죄를 함께 짓는 경우가 있습니다. 몰라서 짓기도 하고 알아도 남편이 고집하므로 죄에 참여하는 경우도 있습니다. 남편은 부인이 순종해야 할 권위이므로 불가피하게 부인이 남편을 따라 죄를 짓게 될 때가 있습니다.

그러므로 믿음 없는 남편을 둔 부인들은 남편의 죄에 참여하지 않도록 깨어 있어야 합니다. 그렇지 않으면 함께 지내다가 무의식 중에 남편의 죄에 동참하게 됩니다. 이렇게 죄를 지어도 그 날에 심판대 앞에서 남편을 핑계할 수 없습니다.

지금부터는 믿음이 없는 남편과 동거하면서 부인의 손을 깨끗이 할 수 있는 지혜에 대하여 나누겠습니다. 부부 간에 믿음의 차이가 있을 때에 부부 관계가 원활하지 않은 경우가 있습니다. 부인은 거듭나고 신실한 믿음을 가졌으나 남편이 예수를 믿지 않거나 형식적인 신앙 생활을 하는 경우가 이에 해당합니다.

부부는 보통 신앙의 차이만큼 비례하여 불화하는 경향이 있습니다. 믿음은 없이 사이 좋게 지내며 교회만 왔다 갔다 하든 부부도 한편이 성령을 받거나 큰 은혜를 받아 믿음이 커지면 그 부부 사이에는 불화가 생기는 경우가 있습니다. 이것은 영적인 원리입니다.

성경은 가족 간에 원수가 된다는 말씀이 있는데 그 이유가 바로 믿음의 차이 때문입니다. 마태복음 10장 34절에서 36절까지를 보겠습니다.

"내가 세상에 화평을 주러 온 줄로 생각하지 말라 화평이 아니요 검을 주

러 왔노라" "내가 온 것은 사람이 그 아버지와, 딸이 어머니와, 며느리가
시어머니와 불화하게 하려 함이니" "사람의 원수가 자기 집안 식구리라"
(마 10:34-36).

가족 간에 여러가지 이유로 인해 불화가 있을 수 있습니다. 그러
나 이 구절은 가족 간의 믿음의 차이 때문에 생기는 불화입니다. 왜
냐하면 예수님이 세상에 검을 주어 가족 간에 불화하게 한다고 말씀
하기 때문입니다.

예수님은 평강의 왕으로 오셨는데 어떻게 불화를 주러 오셨다고
말씀할 수 있겠습니까? 그것은 예수를 믿지 않는 가족이 믿는 가
족을 미워하고 대적함으로써 불화가 발생할 수 밖에 없다는 의미
입니다.

믿음이 없는 자는 원천적으로 성령을 대적합니다. 평소에는 그러
한 것이 드러나지 않지만 자신의 배우자나 가족 중에 성령 충만한
사람이 나타나면 대적을 합니다. 이러한 원리로 부부 간에도 불화하
고 심하면 이혼까지 하는 경우가 있습니다.

이처럼 믿지 않는 남편과 부부 생활을 원만하게 하기에는 근본적
인 어려움이 있습니다. 이 설교를 듣는 분 중에도 실제로 그러한 삶
을 경험하였거나 간접으로 들어서 아는 사람들이 있을 것입니다. 이
러한 남편을 둔 사람은 단순히 부부간에 불화하는 것 뿐 아니라 남
편의 훼방으로 구원받지 못하게 될 수도 있습니다.

그러므로 믿음 없는 남편과 사는 사람들은 자신이 구원받기 위하
여도 특별한 지혜가 필요합니다. 손이 더러운 남편과 살지라도 자신

의 손은 깨끗이 할 수 있는 총명이 있어야 합니다. 이 설교의 목적은 이러한 남편을 둔 사람들에게 구원의 지침을 주려는 것입니다.

신실한 아내와 믿음이 없는 남편의 부부 관계에 대하여 살펴보겠습니다. 여기서 믿음 없는 남편은 불신자는 물론 형식적인 신앙 생활을 하는 사람도 포함됩니다. 왜냐하면 성경적으로 이 두 부류는 차이가 없기 때문입니다.

믿지 않는 남편은 부인의 믿음을 훼방하여 구원받지 못하도록 하는 악한 영을 가지고 있습니다. 부인들은 기본적으로 이러한 전제 하에서 부부 관계를 이해해야 합니다. 이러한 전제를 하고 싶지 않은 사람도 있을 것입니다. 그러나 이러한 지식이 없으면 부인은 결국 남편을 타고 역사하는 사탄의 간계에 넘어가게 됩니다.

믿지 않는 남편은 좋게 말을 하던 화를 내던 상관이 없고 웃고 있던 찡그리던 상관이 없습니다. 그들의 목적은 아내를 구원받지 못하게 하는 것입니다. 물론 이성적으로 판단하여 그렇게 하는 것은 아닙니다. 다만 악한 영에게 속아서 무의식 중에 그렇게 하는 것입니다.

부인들이 이러한 영적인 원리를 이해하지 못하면 전쟁에서 지고 맙니다. 실제로 대부분의 부인들이 처참하게 패하고 있는 것이 현실입니다. 믿음 없는 남편으로 인해 고민하고 괴로워하여 마음에 평강이 없는 것이 바로 그 증거입니다.

믿지 않는 남편이 자신의 부인을 지옥으로 끌고가는 전략은 다양합니다. 이들의 전략은 크게 세 가지 부부 관계의 모습으로 나타납니다.

첫째, 부인이 예수를 믿는 이유로 남편이 부인을 심하게 핍박하고 크게 불화하는 경우입니다.

둘째, 큰 불화는 없지만 부인이 예수 믿는 것을 좋게 여기지 않아 부부관계가 다소 원만하지 않은 경우입니다.

셋째, 믿음 없는 남편과 신실한 아내가 화목한 경우입니다.

이상의 세 가지 경우를 하나씩 풀어보겠습니다. 우선 첫째의 경우에 대하여 살펴보겠습니다. 예수를 믿는 아내를 심하게 핍박하는 남편들이 있습니다. 예수를 믿는 이유로 심지어 아내에게 욕설하고 구타하는 사람들도 있습니다.

한국이 크게 부흥하던 때인 1960년대에서 1980년대까지는 이러한 핍박을 받는 여자 신도들이 상당히 많았습니다. 이들은 남편의 박해에도 불구하고 믿음을 잘 지키어 오늘날 한국이 부흥하는데 이바지한 분들이고 자식들에게 믿음을 물려준 훌륭한 분들입니다. 여러분의 어머니와 할머니들 중에 이러한 분들이 많이 있었습니다.

지금은 이처럼 노골적으로 부인을 핍박하는 남편이 많지는 않지만 전혀 없는 것은 아닙니다. 만약 여러분이 예수를 믿는 이유로 남편으로부터 정신적 물리적인 폭력에 시달리는 분들이 있다면 다음과 같이 대처를 하십시오.

첫째, 남편이 아내를 괴롭히는 죄를 중단하도록 기도하고 핍박 중에도 믿음이 약해지지 않게 해달라고 하나님께 간구하십시오.

둘째, 남편에게 예수를 믿는 이유로 아내를 핍박하는 것이 하나님께 죄를 짓는 것이고 벌을 받게 되니 핍박을 중단하라고 당당하게 말하십시오.

셋째, 물리적인 폭력을 할 때에는 경찰에 신고를 하여 스스로의 안

전도 지키고 남편이 더 큰 죄를 짓지 않도록 하십시오. 신변의 위협을 느낄 정도의 위협이 있다면 피신하는 것이 지혜로운 일입니다.

넷째, 혹시 남편이 이혼을 원하면 이혼하십시오. 남편이 원하면 이혼하는 것이 성경적입니다. 이 경우에 부인은 이혼과 관련하여 죄를 짓는 것도 아닙니다. 단, 먼저 이혼하자는 말은 하지 마십시오. 고린도전서 7장 15절을 보겠습니다.

"혹 믿지 아니하는 자가 갈리거든 갈리게 하라 형제나 자매나 이런 일에 구애될 것이 없느니라 그러나 하나님은 화평 중에서 너희를 부르셨느니라" (고전 7:15).

다섯째, 이러한 과정을 겪으며 믿음을 지킬 때에 하나님께서 남편의 마음을 돌려 핍박을 중단하게 하시든지 아니면 아내를 보호하기 위하여 부부가 분리되도록 하십니다. 이혼할 수밖에 없는 상황을 만들 수도 있습니다.

남편이 폭행죄로 감옥에 가거나 남편의 악함에 비례하여 더 큰 일이 일어나도록 할 수도 있습니다. 하나님이 자신이 사랑하는 여종이 남편에게 심한 핍박과 박해를 당할 때에 긍휼히 여기어서 이렇게 행하는 것입니다.

이러한 남편을 둔 부인이 손을 깨끗이 하는 방법은 남편의 핍박에도 불구하고 믿음을 지키는 것입니다. 말씀과 기도와 전도의 삶을 성실히 사는 것입니다. 남편의 핍박에 굴복하여 믿음 생활이 약하여 지면 결국 자신의 손이 더러워지는 것입니다. 그 날에 남편의 핍박으로 믿음을 잃게 되었다고 변명할 수 없습니다.

두 번째로 큰 불화는 없지만 남편이 부인이 예수 믿는 것을 좋게 여기지 않아 부부관계가 그리 원만하지 않은 경우에 대하여 살펴보겠습니다. 노골적으로 핍박하는 남편을 활화산에 비유를 한다면 이러한 남편은 휴화산에 비유할 수 있습니다. 지금은 잠잠하지만 언제 폭발할 지 모릅니다. 이러한 남편을 둔 부인들에게 주시는 지혜의 말씀은,

첫째, 한 날을 잡아 남편에게 복음을 전하고 함께 예수 믿고 천국을 가자고 진지하게 말하십시오. 하나님을 믿되 바르게 믿고 거듭난 삶을 살자고 말을 하십시오.

둘째, 아내는 남편을 잘 섬기고 순종하는 삶과 하나님의 말씀대로 행하는 믿음을 더욱 잘 실천하십시오. 아내의 행실을 보고 감동하여 남편이 믿게 됩니다. 베드로전서 3장 1절을 보겠습니다.

"아내들아 이와 같이 자기 남편에게 순종하라 이는 혹 말씀을 순종하지 않는 자라도 말로 말미암지 않고 그 아내의 행실로 말미암아 구원을 받게 하려 함이니"(벧전 3:1).

셋째, 생활 가운데 성경 말씀을 인용하는 권면의 말을 종종 하십시오. 예를 들어 술을 자주 마시고 들어오는 남편에게는 술 취하는 것은 방탕한 것이고 하나님 앞에 죄를 짓는 것이니 중단하라고 말하십시오. 에베소서 5장 18절을 보겠습니다.

"술 취하지 말라 이는 방탕한 것이니 오직 성령으로 충만함을 받으라" (엡 5:18).

남편이 성을 내면 그것이 하나님의 의를 이루지 못하게 하는 것이니 성을 내지 말라고 말하십시오. 야고보서 1장 20절을 보겠습니다.

"사람이 성내는 것이 하나님의 의를 이루지 못함이라" (약 1:20).

이 가르침의 핵심은 남편과 감정적인 대화나 세상적인 논리로 말하지 말고 항상 하나님의 말씀을 근거로 온유하게 말하라는 것입니다. 그러할 때에 말씀에 능력이 있어 남편을 변화시킬 수 있습니다.

넷째, 이렇게 할 때에 남편이 긍정적으로 변화 될 수도 있지만 오히려 불화가 심화될 수도 있습니다. 그럼에도 불구하고 이러한 삶을 중단하지 마십시오. 이렇게 하는 것이 부인의 구원도 이루어 가는 것이고 남편을 구원으로 인도하는 일입니다.

그러나 남편과의 관계를 더 중요하게 여기고 남편과의 다툼이 두려워 이러한 권면을 하지 않으면 자신의 손을 더럽게 하는 것입니다. 왜냐하면 죄를 보고도 지적하지 않는 것은 죄이기 때문입니다. 자신의 손을 깨끗이 하기 위하여는 이처럼 어려운 일과 불편한 일도 행하여야 합니다.

세 번째로 남편이 믿음은 없지만 부인과의 좋은 관계를 유지하는 경우에 대하여 살펴보겠습니다. 여기에는 두 부류가 있습니다. 하나는 남편이 불신자로 전혀 신앙생활을 하지 않는 경우이고 다른 하나는 부인과 함께 주일 예배에는 참석하지만 믿음이 없는 경우입니다.

여러분의 남편이 어떤 경우인지에 상관없이 이러한 남편을 둔 아내는,

첫째, 스스로의 신앙을 먼저 돌아보아야 합니다. 왜냐하면 아내의 믿음이 온전하다면 불신자 남편과 좋은 관계로 살기는 거의 불가능하기 때문입니다. 다르게 말하면 부인의 믿음이 미지근하므로 믿음 없는 남편에게 있는 악한 영도 잠잠하게 있는 것입니다. 그러므로 겉으로는 함께 믿음 생활을 잘 하거나 화목해 보이는 것입니다.

둘째, 남편의 믿음 없는 생활에 동화되지 않도록 스스로를 더욱 쳐 복종시키는 거룩한 삶을 사십시오. 깨어 있지 않으면 위험할 수 있습니다. 왜냐하면 남편의 불신앙에 영향을 받기 때문입니다. 부인은 이러한 사실을 깨닫고 믿음 생활을 해야 합니다.

셋째, 남편에게 적극적으로 복음을 전하십시오. 그리고 거룩한 삶을 살도록 수시로 권면하십시오. 이렇게 할 때에 보통의 남편들은 싫어합니다. 그리하여 부인과 다툼이 일어날 수 있습니다. 그럼에도 불구하고 이렇게 씨를 뿌려 놓아야 언제인가 수확을 기대할 수 있습니다.

이러한 남편을 둔 아내들이 자신의 손을 깨끗이 하는 방법은 미지근한 남편과 동행하며 편안한 믿음 생활에서 탈피하는 것입니다. 남편에게 적극적으로 신앙의 도전을 하며 어느 정도의 다툼도 불사하는 것입니다.

이렇게 할 때 좋은 관계를 유지하고 화목하게 지내며 아내의 신앙의 힘을 빼는 사탄의 간계에 넘어가지 않습니다. 이렇게 할 때에 자

신의 신앙을 견고하게 지키고 하나님 앞에 손을 깨끗이 할 수 있습니다.

이상으로 믿지 않는 남편을 통해 역사하는 마귀의 전술을 세 부류의 형태로 나누어 분석해보았습니다. 아울러 이러한 마귀의 역사에 적절히 대처를 하지 못할 때에 오히려 그것이 하나님 앞에 죄가 될 수 있다는 사실도 깨달았습니다. 믿음이 없는 남편에 의해 스스로의 손을 더럽히지 않을 수 있는 지혜에 대하여도 살펴보았습니다.

그것을 다시 정리하면 매우 악하게 대적을 하는 경우는 피하면서 믿음을 지키는 것이고, 감당할 만큼 방해를 하면 말씀과 권면으로 공격과 방어를 적절히 하고, 약하게 나오면 강하게 상대하는 것입니다. 세상의 전쟁 전술과 별로 다르지 않습니다. 때에 따라 성령께 지혜를 구하며 대처하면 됩니다.

마지막으로 믿는 아내가 믿지 않는 남편을 따라 범하기 쉬운 죄 한 가지를 다루어 보겠습니다. 이 것은 위의 세 가지 부류와 상관없이 공통적으로 해당 되는 것입니다. 그것은 물질의 사용에 관한 것입니다.

성경은 물질 사용에 관하여 매우 단순하고 분명하게 가르칩니다. 그것은 십일조와 헌물을 먼저 하나님께 드리고 그후에는 자신이 먹고 입는 데 검소하게 사용하고 나머지는 가난한 자에게 주고 저축하지 않는 것입니다.

믿는 자들은 이러한 성경 말씀을 알고 있습니다. 그러나 믿음이 없는 사람은 이러한 물질에 대한 가르침을 모르거나 알아도 그렇게 행하지 않습니다. 그렇다면 물질에 대하여 성경 말씀과 어긋난 삶을 사는 남편과 동거하면서 아내는 스스로의 손을 깨끗하게 할 지혜가 필요합니다.

돈을 저축하고 자신의 탐심을 채우는 용도로 사용하는 남편에게 잘못을 지적하지 않고 함께 지내면 부인도 하나님이 보기에 공범입니다. 몇 가지 예를 들어 설명하겠습니다.

첫째, 부부가 모두 돈을 번다면 아내의 수입은 하나님의 뜻대로 사용하면 됩니다. 그러나 여기에 그치지 말고 남편에게도 십일조와 헌금을 해야 하는 것과 성경이 가르치는 물질에 대한 가르침을 설명해야 합니다. 말라기 3장 8절에서 10절 말씀을 알려주는 것입니다.

"사람이 어찌 하나님의 것을 도둑질하겠느냐 그러나 너희는 나의 것을 도둑질하고도 말하기를 우리가 어떻게 주의 것을 도둑질하였나이까 하는도다 이는 곧 십일조와 봉헌물이라" "너희 곧 온 나라가 나의 것을 도둑질하였으므로 너희가 저주를 받았느니라" "만군의 여호와가 이르노라 너희의 온전한 십일조를 창고에 들여 나의 집에 양식이 있게 하고 그것으로 나를 시험하여 내가 하늘 문을 열고 너희에게 복을 쌓을 곳이 없도록 붓지 아니하나 보라" (말 3:8-10).

누가복음 20장 25절 말씀도 전하십시오.

"이르시되 그런즉 가이사의 것은 가이사에게, 하나님의 것은 하나님께 바치라 하시니" (눅 20:25).

그럼에도 불구하고 남편이 듣지 않으면 남편은 죄를 짓는 것이지만 아내는 하나님 앞에 죄가 없습니다. 부인의 손은 깨끗합니다.

여기서 중요한 것은 반드시 남편에게 권면해야 한다는 것입니다. 또한 부인의 수입에 대하여는 남편이 관여할 수 없게 해야 할 것입니다. 자신의 수입의 십일조를 남편이 하지 말라고 해서 안 했다는 핑계를 댈 수 없습니다.

둘째, 남편만 돈을 버는 경우에 대하여 살펴보겠습니다. 이 경우에 보통은 아내들이 살림에 필요한 돈을 남편에게 받아서 생활합니다. 이 때에는 받은 살림살이 돈의 십분의 일을 십일조로 드리고 그 외의 헌금은 형편과 믿음을 따라 기쁘게 드리면 됩니다. 이 경우에도 남편에게 십일조와 헌금할 것을 권해야 합니다. 듣지 않으면 그 죄는 남편에게만 돌아가고 권면을 한 아내의 손은 깨끗합니다.

셋째, 생활 가운데 남편이 돈을 사용하는 일에 적절히 간섭해야 합니다. 예를 들어 큰 집을 사서 이사를 하려고 할 때에 부인은 남편에게 작은 집에 살고 남는 돈은 헌금하고 가난한 자를 돕는 것이 하나님의 가르침이므로 그렇게 할 것을 권면해야 합니다. 남편이 듣지 않으면 할 수 없지만 부인의 손은 깨끗합니다. 그러나 아무 말없이 남편이 하는 대로 따라 가면 아내도 탐심의 죄를 짓게 되는 것입니다.

모든 삶에 있어 검소하고 소박한 삶을 부인 스스로 실천할 뿐더러 남편에게 권면해야 합니다. 그리하여 고급 승용차를 사려고 하는 남편에게 경제적인 차를 권하고 비싼 의류나 보석을 선물하려는 남편에게 절제할 것을 당부하는 것입니다.

그렇게 하기 위하여는 우선 부인 스스로가 이러한 절제의 믿음이 있어야 할 것입니다. 그러나 믿는 아내들도 큰 집과 고급 승용차를 좋아하고 탐심이 있어 믿음 없는 남편의 부유한 삶에 젖어 살고 있는 경우가 많습니다. 이러한 삶에서 돌이켜야 합니다.

이러한 부부의 특징은 남편이 믿지 않음에도 부부사이가 좋습니다. 부인을 경제적으로 부유하고 안정적인 삶을 살도록 해주고 괴롭히지도 않으므로 남편에게 불만이 없습니다. 그러므로 굳이 믿음 문제로 남편과 불편하게 되는 것을 꺼려합니다. 그리하여 남편을 적극적으로 전도하지 않고 스스로도 미지근한 믿음 생활을 합니다.

이처럼 믿음은 없지만 돈으로 아내를 행복하게 해 주려는 남편에게 속지 말아야 합니다. 속이는 주체는 불신자 남편 안에 역사하는 마귀입니다. 이 마귀의 전략은 믿는 부인을 불신자 남편과 부유하고 편안하게 잘 살도록 버려 두는 것입니다. 그리하여 불신자 남편은 물론 믿는 아내까지도 믿음을 빼앗아 구원받지 못하게 하는 것입니다.

그러니 부유한 남편을 둔 성도들은 특별히 이러한 일에 깨어 있어야합니다. 하나님이 기뻐하는 돈의 사용법에 대하여 남편에게 대하여 가르치고 실천할 것을 권면해야 합니다. 권면하였음에도 남편이 변하지 않는다면 남편은 죄를 짓는 것이지만 아내의 손은 깨끗합니다.

이상으로 믿음 없는 남편과 사는 아내들이 자신의 믿음을 지키며 남편을 전도하는 지혜에 대하여 나누었습니다. 살펴본 대로 믿음 없는 남편과 함께 사는 것이 쉽지 않습니다. 삶이 고단하기도 하지만 아내의 영혼이 결국에 어떻게 될 지 모르기 때문에 더욱 심각한 문제입니다.

그러므로 이러한 남편을 둔 아내들은 자신의 믿음을 지키는 것을 가장 첫째 문제로 여기고 그 다음이 남편을 전도하는 일이라는 것을 명심해야 합니다. 그러므로 이 설교의 초점도 아내들의 손을 깨끗이 하는 것으로 잡은 것입니다. 남편을 구원하는 문제가 핵심이 아닙니다.

어떤 아내는 남편이 믿지 않는 것이 안타까워서 자신의 영을 너무 소모하는 경우가 있습니다. 남편을 전도하려는 열정은 좋지만 그 과정에 스스로 평강도 잃고 영적으로 피폐해지는 일이 있다면 그것은 바르게 믿음 생활을 하는 것은 아닙니다.

자신의 구원부터 챙기고 온전한 믿음과 평안한 심령을 유지하며 남편을 전도하고 영적전쟁도 하는 것입니다. 남편의 어떠함과 상관없이 아내는 항상 평안한 마음을 유지 할 수 있어야 합니다. 사탄은 첫째로 평강을 깨뜨리려고 합니다. 이러한 사탄의 간계에 속지 않아야 합니다.

믿지 않는 남편을 둔 모든 아내들에게 평강과 자신의 손을 깨끗이 할 수 있는 지혜가 임하기를 예수 그리스도의 이름으로 축복합니다.

10
하나님의 진노를
대신 쏟으라

"여호와께서 나를 통하여 말씀하신 대로 네게 행하사 나라를 네 손
에서 떼어 네 이웃 다윗에게 주셨느니라" "네가 여호와의 목소리를
순종하지 아니하고 그의 진노를 아말렉에게 쏟지 아니하였으므로
여호와께서 오늘 이 일을 네게 행하셨고" "여호와께서 이스라엘을
너와 함께 블레셋 사람들의 손에 넘기시리니 내일 너와 네 아들들이
나와 함께 있으리라 여호와께서 또 이스라엘 군대를 블레셋 사람들
의 손에 넘기시리라 하는지라" (사무엘상 28:17-19).

성경에서 화를 아주 많이 그리고 자주 내는 인물이 있습니다. 성경
에는 진노라는 단어가 230번 이상 나오는데 대부분의 진노의 주인공
이 바로 이 분입니다. 이 분의 이름은 여호와 하나님 아버지입니다.

하나님은 자신의 계명을 지키고 명령에 순종하라고 가르칩니다.
그리고 하나님의 말씀에 순종하지 않으면 화를 냅니다. 그리고 벌을
줍니다. 여러가지의 벌이 있지만 궁극적으로 내리는 벌은 이 땅에서
죽이는 것이고 그 후에 영혼을 지옥으로 보내는 것입니다.

그러므로 성경은 하나님을 두려워하라고 말씀합니다. 하나님을
두려워 하는 것이 지혜의 근본이라고 말씀합니다. 가장 훌륭한 지혜

는 자신의 영혼이 구원받는 지혜입니다. 그런데 이러한 지혜는 하나님을 두려워할 때에 오는 것입니다. 하나님을 두려워하지 않는 사람은 이러한 지혜를 가질 수 없습니다. 구원받을 수 없습니다.

그렇다면 성경을 읽을 때에 하나님께서 언제 어떻게 진노하는 지를 잘 관찰하고 묵상하는 것이 매우 중요합니다. 여호와는 사랑의 하나님이고 은혜와 자비를 베푸는 하나님이고 오래 참는 하나님입니다. 그러나 여러분이 구원받기 원하면 진노하는 하나님을 주목해야 합니다.

하나님의 마음에 맞는 사람이 있습니다. 사도행전 13장 22절을 보겠습니다.

"폐하시고 다윗을 왕으로 세우시고 증언하여 이르시되 내가 이새의 아들 다윗을 만나니 내 마음에 맞는 사람이라 내 뜻을 다 이루리라 하시더니" (행 13:22).

이 구절은 바울이 사무엘상 13장 14절을 인용한 것입니다.

"지금은 왕의 나라가 길지 못할 것이라 여호와께서 왕에게 명령하신 바를 왕이 지키지 아니하였으므로 여호와께서 그의 마음에 맞는 사람을 구하여 여호와께서 그를 그의 백성의 지도자로 삼으셨느니라 하고" (삼상 13:14).

하나님의 마음에 맞지 않은 사울은 버리고 하나님의 마음에 맞는 다윗을 왕으로 세운다는 말씀입니다.

하나님의 마음에 맞는 사람이란 하나님과 생각이 같은 사람입니다. 하나님이 기뻐하는 일에 기뻐하고, 하나님이 불쌍히 여기는 일에 불쌍히 여기고, 하나님이 진노하는 일에 진노하는 사람입니다. 이러한 사람이 하나님과 마음이 합한 자입니다.

이렇게 하나님의 마음과 동일하게 생각하고 행하는 것은 인간이 마땅히 해야 할 일입니다. 그러나 신실한 사람들도 하나님의 뜻을 잘 따르지 않는 것이 한 가지 있습니다. 이것은 죄인 줄 모르고 범하는 것 중에 하나입니다. 그것은 하나님이 진노하는 일에 진노하지 않는 것입니다.

이들은 하나님이 기뻐하는 일에 기뻐합니다. 하나님이 슬퍼하는 일에 슬퍼합니다. 하나님이 불쌍히 여기는 일을 불쌍히 여깁니다. 그러나 하나님이 진노하는 일에는 진노하지 않습니다.

하나님은 거짓 주의 종들에게 진노하는 데 믿는 자들이 거짓 목사를 보고 진노하지 않습니다. 예수님은 거짓 교사들인 서기관과 바리새인들에게 진노하였는 데 믿는 자들이 교회 안의 거짓 교사들에게 진노하지 않습니다. 이것이 하나님이 진노하는 일에 인간들이 진노하지 않는 대표적인 예입니다.

하나님의 진노에 동참하지 않아 멸망한 인물이 있습니다. 이 사람은 이스라엘의 왕이었는데 하나님이 진노를 대신하여 쏟아 부으라는 명령을 지키지 않아 죽임당했습니다. 본문 말씀을 다시 보겠습니다.

"여호와께서 나를 통하여 말씀하신 대로 네게 행하사 나라를 네 손에서 떼어 네 이웃 다윗에게 주셨느니라""네가 여호와의 목소리를 순종하지 아니하고 그의 진노를 아말렉에게 쏟지 아니하였으므로 여호와께서 오늘 이 일을 네게 행하셨고""여호와께서 이스라엘을 너와 함께 블레셋 사람들의 손에 넘기시리니 내일 너와 네 아들들이 나와 함께 있으리라 여호와께서 또 이스라엘 군대를 블레셋 사람들의 손에 넘기시리라 하는지라" (삼상 28:17-19).

하나님은 이방인들 중에도 아말렉에게 특별히 진노하였습니다. 그 이유는 이스라엘 백성이 출애굽 하여 광야를 지날 때에 공격하였기 때문입니다. 출애굽기 17장 14절을 보겠습니다.

"여호와께서 모세에게 이르시되 이것을 책에 기록하여 기념하게 하고 여호수아의 귀에 외워 들리라 내가 아말렉을 없이하여 천하에서 기억도 못하게 하리라" (출 17:14).

하나님이 아말렉을 지구에서 멸종하겠다고 말씀하였습니다. 사울이 왕이 되었을 때에 그 일을 이루려고 하였습니다. 그러나 사울은 아말렉을 진멸하라는 하나님의 말씀에 순종하지 않았습니다. 아말렉 왕을 죽이지 않았고 짐승들도 일부는 죽이지 않았습니다. 이것은 하나님의 진노를 그대로 쏟아 부은 것이 아니었습니다. 사울은 이것이 죄가 되어 하나님의 심판으로 죽었습니다.

하나님이 진노하는 일에 진노하지 않는 것, 하나님이 진노하는 만큼 진노하지 않는 것이 죄입니다. 사망에 이를 만한 큰 죄입니다. 하나님은 진노를 직접 쏟아 붓기도 하지만 자신의 대리인을 세워 진노를 쏟게 하기도 합니다.

이스라엘이 우상을 섬길 때에는 이웃 나라가 공격하여 이스라엘 사람들을 죽이거나 괴롭게 함으로 진노를 쏟았습니다. 마음에 합한 왕을 세워 진노를 나타내기도 하고 참 선지자를 세워 진노를 대신 쏟아 붓기도 합니다.

예후를 세워 악한 북 이스라엘 왕과 남 유다 왕을 한 번에 죽였습니다. 바알의 선지자와 제사장을 모두 멸절하였습니다. 이렇게 하나님의 진노를 대신 쏟을 것을 명령 받은 사람은 그대로 행하여야 합니다. 그렇게 행하면 복을 받지만 그렇지 않으면 저주를 받습니다.

하나님의 진노를 대신 나타내어 복을 받은 대표적인 사람 중에 하나가 예후입니다. 그렇게 하지 않아 저주를 받은 대표적인 사람은 사울입니다. 예후는 악한 왕들과 그 혈족을 모두 죽이고 바알의 제사장과 선지자들의 씨를 말림으로써 하나님의 마음을 시원하게 하였습니다. 이스라엘 역사에 이만큼 하나님의 마음을 후련하게 한 사람이 없었습니다.

지금부터 예후가 하나님의 진노를 쏟아 붓는 내용을 자세히 살펴보겠습니다. 열왕기하 9장 7절에서 9절까지를 보겠습니다.

"너는 네 주 아합의 집을 치라 내가 나의 종 곧 선지자들의 피와 여호와의 종들의 피를 이세벨에게 갚아 주리라" "아합의 온 집이 멸망하리니 이스라엘 중에 매인자나 놓인 자나 아합에게 속한 모든 남자는 내가 다 멸절하되 "아합의 집을 느밧의 아들 여로보암의 집과 같게 하며 또 아히야의 아들 바아사의 집과 같게 할지라"(왕하 9:7-9).

하나님이 예후에게 아합의 집안을 멸절할 것을 명령하였습니다. 다음은 열왕기하 9장 24절과 27절을 보겠습니다.

"예후가 힘을 다하여 활을 당겨 요람의 두 팔 사이를 쏘니 화살이 그의 염통을 꿰뚫고 나오매 그가 병거 가운데에 엎드러진지라"(왕하 9:24).
"유다의 왕 아하시야가 이를 보고 정원의 정자 길로 도망하니 예후가 그 뒤를 쫓아가며 이르되 그도 병거 가운데서 죽이라 하매 이블르암 가까운 구르 비탈에서 치니 그가 므깃도까지 도망하여 거기서 죽은지라"(왕하 9:27).

예후는 하나님이 미워한 북 이스라엘 왕과 남 유다 왕을 한 날에 죽였습니다. 다음은 열왕기하 10장 7절과 11절을 보겠습니다.

"편지가 그들에게 이르매 그들이 왕자 칠십 명을 붙잡아 죽이고 그들의 머리를 광주리에 담아 이스르엘 예후에게로 보내니라"(왕하 10:7).
"예후가 아합의 집에 속한 이스르엘에 남아 있는 자를 다 죽이고 또 그의 귀족들과 신뢰 받는 자들과 제사장들을 죽이되 그에게 속한 자를 하나도 생존자를 남기지 아니하였더라"(왕하 10:11).

예후는 아합의 아들 칠십 명과 아합과 관계된 모든 사람들을 죽임으로써 아합 집안을 완전히 멸절하였습니다. 다음은 열왕기하 10장 13절, 14절을 보겠습니다.

"예후가 유다의 왕 아하시야의 형제들을 만나 묻되 너희는 누구냐 하니 대답하되 우리는 아하시야의 형제라 이제 왕자들과 태후의 아들들에게 문안하러 내려가노라 하는지라" "이르되 사로잡으라 하매 곧 사로잡아 목자가 양털 깎는 집 웅덩이 곁에서 죽이니 사십이 명이 하나도 남지 아니하였더라" (왕하 10:13-14).

예후는 남 유다왕 아하시야를 죽인데 이어 그의 형제 사십이 명도 모두 죽였습니다. 악한 두 왕과 그 집안을 몰살 시킨 후 예후는 거기에서 그치지 않았습니다. 계속하여 하나님의 마음을 후련하게 하는 일을 하였습니다. 이스라엘의 모든 거짓 선지자와 거짓 제사장들을 한 명도 빼놓지 않고 모아서 칼로 쳐 죽였습니다. 열왕기하 10장 25절에서 27절까지를 보겠습니다.

"번제 드리기를 다하매 예후가 호위병과 지휘관들에게 이르되 들어가서 한 사람도 나가지 못하게 하고 죽이라 하매 호위병과 지휘관들이 칼로 그들을 죽여 밖에 던지고" "바알의 신당 있는 성으로 가서 바알의 신당에서 목상들을 가져다가 불사르고" "바알의 목상을 헐며 바알의 신당을 헐어서 변소를 만들었더니 오늘까지 이르니라" (왕하 10:25-27).

바알을 섬기지 못하게 목상들을 모두 불태우고 신당도 변소로 만들어 더럽게 해버렸습니다. 전에도 없었고 후에도 없을 만한 하나님의 개혁을 예후가 이루어 냈습니다. 이러한 예후의 혁명적인 과업은 하나님의 진노를 쏟아 붓는 것이 그 핵심이었습니다. 성경 전체를 통하여 이처럼 하나님의 진노를 그대로 쏟아 부음으로써 하나님의 마음을 시원하게 한 사건이 없었습니다.

그리하여 예후가 비록 말년에 우상을 섬겼음에도 자손들이 4대를 더 이어 북 이스라엘의 왕이 되는 복을 받았습니다. 예후 집안이 백 년을 조금 넘게 북 이스라엘의 왕으로 다스렸는데 이는 북 이스라엘 역사 220년의 거의 절반에 해당하는 기간입니다. 이처럼 하나님의 진노를 동일하게 대신하여 쏟아 부을 때의 복이 작지 않습니다.

이상으로 예후가 하나님의 진노를 대신 발하여 수많은 사람을 죽이는 것을 살펴보았습니다. 이러한 심판의 광경을 볼 때에 여러분은 하나님의 진노를 느낄 수 있어야 합니다. 하나님은 왜 이렇게 사람들을 많이 죽이시나 라는 의문을 갖지 않아야 합니다.

왕이 죄를 지었는데 왜 그의 자식들과 형제들까지 죽이는지 묻지 않아야 합니다. 대신에 하나님의 악한 왕에 대한 진노가 그의 자식들과 형제들까지도 모두 죽여야 할 만큼 컸다는 사실을 깨달아야 합니다.

선지자 엘리야는 이스라엘의 거짓 선지자 850명을 갈멜산 근처 기손 강가에서 몰살시켰습니다. 엘리야가 직접 칼로 그들의 목을 베어 죽였습니다. 열왕기상 18장 40절을 보겠습니다.

"엘리야가 그들에게 이르되 바알의 선지자를 잡되 그들 중 하나도 도망하지 못하게 하라 하매 곧 잡은지라 엘리야가 그들을 기손 시내로 내려다가 거기서 죽이니라"(왕상 18:40).

엘리야는 거짓 선지자들에 대한 하나님의 분노를 시원하게 대신하여 쏟아 부었습니다. 그리하여 엘리야는 구약의 선지자를 대표하는 인물이 된 것이며 주님 오실 길을 준비한 세례 요한에게도 엘리야의 능력이 주어진 것입니다. 마지막 환난 때의 두 증인 중의 하나도 엘리야의 성정과 능력을 갖는 것입니다. 위대한 선지자는 하나님의 진노를 그대로 뿜어내는 자입니다.

예수님이 매우 진노하는 장면이 있습니다. 너무 진노하여 거의 폭력에 가까운 행동을 하였습니다. 이 일은 아마도 예수님이 사역을 하는 동안 가장 크게 화를 낸 사건일 것입니다. 요한복음 2장 13절에서 16절까지를 보겠습니다.

"유대인의 유월절이 가까운지라 예수께서 예루살렘으로 올라가셨더니" "성전 안에서 소와 양과 비둘기 파는 사람들과 돈 바꾸는 사람들이 앉아 있는 것을 보시고" "노끈으로 채찍을 만드사 양이나 소를 다 성전에서 내쫓으시고 돈 바꾸는 사람들의 돈을 쏟으시며 상을 엎으시고" "비둘기 파는 사람들에게 이르시되 이것을 여기서 가져가라 내 아버지의 집으로 장사하는 집을 만들지 말라 하시니"(요 2:13-16).

예수님은 성전에서 물건 팔고 돈을 바꾸는 자들에게 진노하였습니다. 이들은 하나님의 거룩한 성전에서 세상의 더러운 일을 하였습니다. 하나님의 거룩함을 손상시켰습니다. 이처럼 하나님의 거룩함을 훼손하거나 거룩하지 않은 짓을 하는 것은 매우 진노해야 할 일입니다.

예수님은 죄인들 앞에서 진노하지 않았습니다. 세리들에게 진노하지 않았고 간음한 여인에게 진노하지 않았습니다. 거짓 교사인 서기관과 바리새인들에게 진노하였습니다. 마태복음 23장 15절과 33절을 보겠습니다.

> "화 있을진저 외식하는 서기관들과 바리새인들이여 너희는 교인 한 사람을 얻기 위하여 바다와 육지를 두루 다니다가 생기면 너희보다 배나 더 지옥 자식이 되게 하는도다" (마 23:15).
> "뱀들아 독사의 새끼들아 너희가 어떻게 지옥의 판결을 피하겠느냐" (마 23:33).

이처럼 예수님도 진노한 적이 있습니다. 그렇다면 믿는 여러분도 진노하는 일이 있어야 할 것입니다. 그것은 혈과 육의 진노가 아닙니다. 사사로운 감정의 진노가 아닙니다. 성령이 주는 진노, 하나님의 거룩한 분노, 예수님이 한 것과 동일한 진노를 표출해야 합니다.

여러분은 그러한 진노를 한 적이 있습니까? 언제 어떻게 진노해야 하는 지를 알지 못합니까? 여러분은 거짓 목사들에게 진노해야 합니다. 그들은 교인들을 지옥으로 끌고 가는 자들입니다. 하나님도 거짓 선지자들에게 맹렬한 진노를 쏟아 부었고 예수님도 거짓 교사들에게 크게 진노하였습니다.

그러니 여러분도 거짓 목사들을 향한 분노가 있어야 합니다. 나는 거짓 목사에 대한 설교를 많이 하는데 그것은 하나님의 진노를 따라 설교한 것입니다. 그들을 향한 하나님의 진노를 내가 대신하여 설교로 쏟아 부은 것입니다.

이것은 참 주의 종이 마땅히 해야 할 일입니다. 참 선지자 엘리야도 그렇게 하였습니다. 하나님과 마음이 합한 목자의 사명입니다. 마지막 때에 하나님은 이러한 목자를 세운다고 말씀하였습니다. 예레미야 3장 15절을 보겠습니다.

"내가 또 내 마음에 합한 목자들을 너희에게 주리니 그들이 지식과 명철로 너희를 양육하리라" (렘 3:15).

나는 이 말씀이 응하여 지식과 명철로 거짓 목사에 대하여 가르치고 있습니다. 이 설교는 거짓 목사들에게 진노하라고 가르치는 것이며 동시에 내가 거짓 목사들에게 진노하는 것입니다.

하나님은 거짓 목사들에게 주의 종으로 기름을 부은 적이 없습니다. 그러니 그들에게 목사라는 호칭조차도 붙이지 않아야 합니다. 그들에게 어울리는 호칭은 개나 독사의 자식입니다.

그런데 여러분은 그러한 거짓 목사에 대하여 분노하고 있습니까? 혹시 그래도 목사인데 비판하면 안 되지 라는 마음을 갖고 있습니까? 옛정을 생각하여 불쌍히 여기거나 좋게 여기고 있습니까? 아직도 목사라는 호칭을 붙입니까?

나의 설교들 중에 한국의 대표적인 거짓 목사들, 벙어리 개들, 한국의 거짓 선지자, 여자 마귀들 등의 제목의 설교를 들음에도 분노가 일어나지 않는다면 여러분은 위험합니다. 사울처럼 될 수 있습니다. 여러분의 담임 목사가 거짓 목사임이 분명한데도 분노가 일지 않는다면 여러분은 사울처럼 망할 것입니다.

사울을 기억하십시오. 하나님은 마음을 살피고 있습니다. 생각을 모두 감찰하고 있습니다. 거짓 목사에게 진노하지 않는 여러분은 아말렉에게 진노하지 않은 사울과 다름이 없습니다. 아말렉에게 진노를 쏟지 않은 사울은 죽임 당했습니다. 그러나 거짓 선지자들에게 진노를 쏟은 예후는 하나님의 상급을 받았습니다.

여러분은 지금 둘 중에 하나처럼 될 것입니다. 진리는 중간이 없습니다. 회색지대가 없습니다. 천국이든지 지옥입니다. 연옥은 없습니다. 그러니 여러분은 거짓 목사들에게 분노하는 마음이 일어서 엘리야나 예후처럼 되든가 분노하는 마음이 일지 않아 사울처럼 될 것입니다.

예수님이 독사의 자식이라고 저주했던 거짓 목사들에 대하여 아직도 분노가 없다면 회개하십시오. 그들을 좋게 여긴 것을 회개하고 진노하지 않은 것을 회개하십시오. 하나님이 미워하는 자를 미워하지 않는 것은 죄입니다. 하나님이 진노하는 자에게 진노하지 않는 것은 죄입니다. 사울이 이 죄로 죽었습니다.

그럼에도 불구하고 거짓 목사들에 대한 분노가 일어나지 않는 분들을 위하여 책을 한 권 소개하겠습니다. 이 책은 하나님과 마음이 합한 자가 기록한 것으로 책의 제목은 "지옥 가는 목사들"입니다. 저자는 다니엘 조입니다.

이 책을 읽으면 거짓 목사들에 대한 하나님의 진노가 얼마나 큰지 느낄 것입니다. 이 책에는 거짓 목사를 구별하는 지혜와 지식이 들어 있습니다. 그들과 선한 싸움을 하는 방법도 소개되어 있습니다.

이 책의 표지에는 이렇게 적혀 있습니다. "교인들을 지옥으로 끌고 가는 거짓 목사들과 천국으로 향하는 성도들의 전쟁이 마침내 시작되었다. 이 책은 성도들의 승리를 위한 전략과 전술의 훌륭한 교본이다" 반드시 구하여 읽어 볼 것을 주님의 이름으로 권면합니다.

11
교회 안에서
죄를 지적하라

"형제들아 사람이 만일 무슨 범죄한 일이 드러나거든 신령한 너희는 온유한 심령으로 그러한 자를 바로잡고 너 자신을 살펴보아 너도 시험을 받을까 두려워하라" (갈라디아서 6:1).

사람의 죄를 지적하지 않는 것은 죄입니다. 믿는 사람이 사람의 죄를 지적하여 돌이키게 하는 것은 하나님의 계명이며 믿는 자의 책임입니다. 하나님이 사람의 죄를 보면 지적하여 바로잡으라고 명령하는 이유는 그 죄인의 영혼을 심판으로부터 건지기 위한 것입니다. 정죄하기 위한 것이 아닙니다.

죄를 알게 하는 것은 성령입니다. 믿는 자들, 신령한 자들은 죄를 더 잘 보며 죄에 더 민감합니다. 그러므로 믿음이 성숙하고 신령한 사람일 수록 죄를 지적하는 사명이 더 크다고 할 수 있습니다.

교회 안에서의 죄는 많은 경우 죄인 줄을 모르고 짓기도 합니다. 신앙이 어린 사람은 더욱 그러합니다. 죄는 알고 지어도 죄이고 모르고 지어도 죄입니다. 그러므로 죄를 짓는 것을 볼 때는 그 사람의 신분과 신앙의 연륜에 상관없이 지적하여 돌아서도록 해야 합니다.

죄를 보고 지적하지 않는 것이 얼마나 큰 죄인지 에스겔 33장 8절을 통하여 보겠습니다.

"가령 내가 악인에게 이르기를 악인아 너는 반드시 죽으리라 하였다 하자 네가 그 악인에게 말로 경고하여 그의 길에서 떠나게 하지 아니하면 그 악인은 자기 죄악으로 말미암아 죽으려니와 내가 그의 피를 네 손에서 찾으리라" (겔 33:8).

어떤 사람이 죄를 지었고 믿는 사람이 그 죄를 보았음에도 죄에서 떠날 것을 경고하지 않으면 그 죄인은 그 죄악으로 죽습니다. 그러나 말로 경고하지 않은 사람도 죄값을 물어 심판합니다. 경고하지 않은 사람에게서 그 죄인의 핏 값을 찾는다고 표현한 것은 그 죄로 죽게 된 책임이 죄를 경고하지 않은 자에게 있다는 것입니다.

매우 두렵고 떨리는 말씀입니다. 하나님이 남의 죄를 깨닫게 하는 이유는 그 사람의 죄를 지적하여 구원하라는 것입니다. 죄를 지적하고 권면하는 것은 구원의 행위이고 아름다운 사랑의 표현입니다. 그러므로 교회는 반드시 이것을 실천해야 합니다.

그런데 죄를 지적할 때 지켜야 할 일이 있습니다. 본문은 온유한 마음으로 그렇게 하라고 합니다. 사랑하는 마음과 겸손한 태도로 하라는 것입니다. 왜냐하면 죄를 지적 받는 사람은 자신의 죄가 지적 당하는 일에 마음이 편치 않을 것이기 때문입니다. 자신의 죄를 지적하는 사람에게 불편한 감정을 갖기 쉽습니다. 그러므로 온유한 마음으로 권면하여 그러한 부정적인 반응을 최대한 예방하여야 합니다.

진심 어린 충고라는 것이 듣는 사람에게 전달되어야 합니다.

데살로니가후서 3장 15절은 "원수와 같이 생각하지 말고 형제 같이 권면하라"고 합니다. 진심 어린 권면은 상대방을 감동시킵니다. 사랑이 담긴 생명의 충고는 받는 사람의 마음을 움직입니다. 반드시 깨닫고 돌아오는 역사가 일어납니다. 왜냐하면 하나님이 하기 때문입니다.

그러나 현대의 교회에는 사랑으로 잘못을 지적하는 문화가 없습니다. 술을 습관적으로 즐기는 사람에게 그것이 믿는 사람으로서 하나님 앞에 부끄러운 일이라는 것을 지적하지 않습니다. 미니 스커트를 입고 교회에 오는 것을 지적하여 교정하지 않습니다. 이렇게 하는 것은 성경적이지 않습니다. 권면을 하여야 합니다.

믿는 자들도 세상의 가치관에 많은 영향을 받습니다. 세상의 윤리와 관습과 문화는 많은 것이 성경과 어긋납니다. 그러나 사람들의 생각 속에는 그러한 것들이 매우 선한 가치로 자리잡고 있습니다. 세상의 윤리 도덕이 모두 성경과 맞지 않는 것은 아니지만 묘하게 혼돈을 가져다주는 것이 많습니다.

예를 들면 미국은 개인의 사생활을 매우 중시 여기며 남의 일에 참견하지 않는 개인주의 문화를 갖고 있습니다. 교회 안에도 이러한 문화와 전통의 영향을 받아 잘못을 지적하고 권면하는 것이 자연스럽지 않습니다.

남의 허물을 사랑하는 마음으로 지적할 때 상대방은 그 사람을 무례한 사람으로 여기기 쉽습니다. 권면하는 사람이 오히려 허물 있는 사람으로 반전됩니다. 다른 사람의 죄가 보이는데도 문제에 엮이고 싶지 않은 이기적인 마음으로 무시하고 상관하지 않는 면도 있습니다.

그러나 이렇게 하는 것은 하나님이 기뻐하지 않으며 죄를 짓는 것입니다. 그 죄값을 물으십니다. 그러므로 사람들의 반응을 두려워하여 어떠한 일에도 관여하지 않고 혼자 구원받겠다는 생각은 실제로 구원을 잃게 하는 생각입니다.

믿는 사람들의 삶이 그리 간단하고 쉬운 것이 아닙니다. 믿음 생활은 내 뜻대로 살지 않고 하나님의 뜻대로 사는 것입니다. 권면하기 싫어도 해야 하는 것이 바른 믿음 생활이며 구원 받는 믿음 생활입니다.

하나님을 두려워해야 하겠습니까? 사람을 두려워해야 하겠습니까? 경우에 따라서는 죄를 책망하는 수위가 상당히 높으며 부드럽지 않은 것을 성경은 보여줍니다. 마태복음 3장 7절을 보겠습니다.

"요한이 많은 바리새인들과 사두개인들이 세례 베푸는 데로 오는 것을 보고 이르되 독사의 자식들아 누가 너희를 가르쳐 임박한 진노를 피하라 하더냐" (마 3:7).

누가 보아도 심한 표현입니다. 성경에 기록은 없지만 싸움이 났을 수도 있습니다. 세례 요한이 이렇게 모욕적인 표현을 하며 이들을 책망한 것도 사실은 이 영혼들을 불쌍히 여기고 구원받게 하기 위한 것입니다. 하나님의 진노가 이들에게 임박하므로 충격적인 말을 하여서라도 급히 회개하게 하기 위한 것입니다.

예수님도 비슷한 표현으로 죄를 책망하였습니다. 마태복음 12장 34절을 보겠습니다.

"독사의 자식들아 너희는 악하니 어떻게 선한 말을 할 수 있느냐 이는 마음에 가득한 것을 입으로 말함이라" (마 12:34).

매우 직선적이고 듣는 이에게는 모욕적인 말입니다. 그러나 이들은 이러한 질책과 모욕을 받을 만한 사람들입니다. 이 사람들은 세례 요한에게도 예수님에게도 똑 같은 별명으로 불리었습니다. 독사의 자식이란 죄를 많이 가진 채 회개하지 않는 자들의 비유입니다. 이들이 결국 그리스도를 죽이는 죄를 지었습니다.

마태복음 23장 27절에서도 예수께서 서기관들과 바리새인들을 심하게 책망하였습니다.

"화 있을진저 외식하는 서기관들과 바리새인들이여 회칠한 무덤 같으니 겉으로는 아름답게 보이나 그 안에는 죽은 사람의 뼈와 모든 더러운 것이 가득하도다" (마 23:27).

교회 안에도 이러한 큰 죄를 가진 채 권면을 거부하며 계속적으로 죄를 짓는 사람들이 있습니다. 성경은 이러한 사람들을 교회에서 내쫓으라고 합니다. 고린도전서 5장 13절을 보겠습니다.

"밖에 있는 사람들은 하나님이 심판하시려니와 이 악한 사람은 너희 중에서 내쫓으라" (고전 5:13).

하나님이 남의 죄를 알게 하는 또 다른 이유가 있습니다. 그것은 남의 죄를 자신에게 반영해보라는 것입니다. 자신도 같은 죄가 없는지 살펴보는 기회로 삼으라는 것입니다. 그리하여 같은 죄가 보이면 먼저 겸비하여 회개하고 그 후에 상대방에게 권면하라는 것입니다. 같은 죄를 가진 사람이 남에게 회개를 촉구할 수 없습니다. 그러므로 남의 죄를 보는 순간 나의 죄를 돌아보고 회개하는 것이 매우 중요합니다.

본문은 "너 자신을 살펴보아 너도 시험을 받을까 두려워하라"고 말씀합니다. 남의 죄가 자신의 죄가 되지 않도록 유의하라는 경고입니다. 상대방의 죄를 볼 때에 "나도 저런 죄를 지을 수 있겠구나"라는 생각을 가지고 더욱 근신하라는 뜻입니다.

이러한 준비를 하지 않은 사람은 남에게 회개를 권할 자격이 되지 않으므로 교회 파수꾼의 역할을 할 수 없습니다. 그러므로 먼저 스스로를 살펴 회개하고 거룩해야 합니다. 그러할 때 나의 영혼도 살고 남의 영혼도 살릴 수 있고 교회도 지킬 수 있습니다.

교회는 죄라는 병균을 소독하고 살균하는 곳입니다. 이 말의 뜻은 죄인이 교회에 들어올 수 없다는 뜻이 아닙니다. 오히려 교회에는 죄인들이 많이 와야 합니다. 그러나 죄를 이내 씻어 버리는 곳이 교회입니다. 죄는 회개함으로만 씻을 수 있습니다. 회개할 수 있게 돕는 것이 죄를 지적하는 것입니다.

회개는 자신이 죄인이라는 것을 깨닫는 것으로부터 시작합니다.

그러나 스스로 깨닫지 못하는 경우가 많습니다. 그러므로 교회는 남의 죄를 볼 때 지적하고 권면하여 회개하도록 도와주어야 합니다.

옛날 모습으로 변하지 않은 채 계속 주의 몸 된 교회의 지체가 될 수 없습니다. 적은 곰팡이가 온 덩어리를 더럽힙니다. 작은 암세포가 큰 육체를 쓰러뜨립니다. 마찬가지로 교회 안에서 용납되는 작은 죄가 결국 주의 몸 된 교회를 무너뜨립니다. 지금의 많은 교회가 세속화되고 번영복음과 기복신앙이 견고한 진으로 자리잡게 된 것도 작은 죄와 작은 거짓들을 조금씩 인정하고 용납한 결과입니다.

그러므로 교회를 세상과 구별되게 하고 세상으로부터 보호하기 위하여는 교회 안의 죄를 샅샅이 뒤져서 박멸해야 합니다. 그러기 위해서는 교회의 지체들이 모두 파수꾼이 되어야 합니다. 죄를 보고도 지적하여 경고하지 않는 것은 파수꾼이 적이 쳐들어오는 것을 보고도 나팔을 불지 않는 것과 같습니다. 하나님은 그 파수꾼에게 반드시 책임을 묻습니다.

에스겔 33장 6절을 보겠습니다.

"그러나 칼이 임함을 파수꾼이 보고도 나팔을 불지 아니하여 백성에게 경고하지 아니함으로 그 중에 한 사람이 그 임하는 칼에 제거당하면 그는 자기 죄악으로 말미암아 제거되려니와 그 죄는 내가 파수꾼의 손에서 찾으리라" (겔 33:6).

칼이 임한다는 것은 사망에 이르게 하는 죄가 들어온다는 의미입니다. 이 죄를 보고 지적하지 않아 교회 안에 죄들이 퍼지면 그 죄를 보고도 무시한 사람에게 책임을 묻습니다.

세상의 법도 이러한 원리가 적용됩니다. 대한민국의 법은 북괴의 간첩임을 알고도 신고하지 않으면 간첩을 도와 국가를 위험하게 한 것으로 간주되어 벌을 받습니다. 세상의 법도 죄를 알고 지나칠 때에 벌을 받는다면 하나님의 법은 얼마나 더 크고 엄하게 심판하겠습니까? 여러분은 모두 교회의 파수꾼입니다. 교회 안의 간첩인 죄를 보면 잡아내야 합니다. 그래야 교회가 보호되고 파수꾼도 심판을 면할 수 있습니다.

지금까지는 죄를 지적하는 권면에 대해 말씀을 드렸다면 이제부터는 용기를 주고 격려하는 권면에 대하여 말씀드리겠습니다. 이것도 교회 안에서 죄를 지적하는 권면처럼 매우 중요합니다. 히브리서 3장 13절을 보겠습니다.

"오직 오늘이라 일컫는 동안에 매일 피차 권면하여 너희 중에 누구든지 죄의 유혹으로 완고하게 되지 않도록 하라" (히 3:13).

이 구절 중에 나오는 권면이라는 단어에는 죄를 지적하는 의미가 없는 것은 아니지만 여기서의 권면은 충고 내지는 격려의 의미로 쓰여 있습니다. 이 구절에는 두 가지 중요한 포인트가 있습니다.

첫째로 서로 간에 열심히 충고와 권면을 하라고 말씀합니다. 매일 그렇게 하라고 말씀합니다. 매일 하라는 것을 강조하기 위해 "오늘이라 일컫는 동안"이라는 표현을 더하였습니다. 다시 말하면 오늘이 있는 한은 매일 권면하라는 뜻이며 살아있는 한은 항상 권면하라는 것입니다.

이 말씀은 권면을 쉬지 않고 하라는 것입니다. 그만큼 권면이 믿음 생활에 중요합니다. 하고 싶으면 하고 부담가면 하지 않아도 되는 것이 아닙니다. 교회의 의무이며 책임입니다. 하나님의 명령이며 계명입니다.

둘째로 이 구절은 권면이 주는 유익에 대하여 말씀하고 있습니다. 본문은 "피차 권면하여 누구든지 죄의 유혹으로 완고하게 되지 않도록 하라"고 말씀합니다. 권면이 주는 유익은 죄의 유혹에 빠지지 않게 하는 것입니다. 참으로 큰 유익입니다.

인간은 육체를 입어서 날 때부터 죄성을 갖게 되며 그 죄성으로 인해 살면서 죄를 짓습니다. 회개하고 거듭난 사람도 항상 죄의 유혹에 빠질 위험 가운데서 살아갑니다. 사도 바울도 날마다 자신을 쳐복종시키는 이유가 남은 구원하고 자신은 혹시라도 구원받지 못할까 염려하였기 때문입니다. 죄의 유혹을 경계하며 사역한 것입니다.

그런데 본문은 이러한 죄에 빠지지 않게 하는 좋은 방법으로 피차 권면할 것을 가르칩니다. 서로 충고하고 격려하고 용기를 주는 말을 하며 교제할 때 죄에 빠지지 않습니다. 혼자 믿음 생활을 할 수 없습니다. 교회의 의미가 믿는 사람들의 모임입니다. 그래서 예수님은 둘 이상이 모인 곳에는 항상 함께 한다고 말씀하였습니다.

등에 묻은 것은 스스로 보지 못합니다. 다른 사람이 말을 해줘야 합니다. 이것이 권면입니다. 혼자는 죄에 빠지기 쉽습니다. 혼자 있으면 넘어져도 일으켜 세워줄 사람이 없습니다. 그러므로 교회 안에서만 권면이 가능하고 교회 안에서는 권면이 꼭 필요합니다. 그럴 때에 교회는 죄의 유혹에 빠지지 않습니다. 그럴 때에 교회 안으로 세상이 못 들어옵니다. 불의한 것이 근접하지 못합니다. 거룩하지 못한 것이 발을 못 붙입니다.

다음은 권면을 받은 사람들이 행할 것에 대하여 살펴보겠습니다. 권면하는 것이 쉬운 일이 아닌 것처럼 권면의 말을 듣는 사람도 그것이 좋은 격려의 말이 아닌 경우에는 감당하기 쉽지 않습니다.

성경에는 회개하라는 말을 들을 때나 죄를 지적 받을 때에 극단적인 두 가지 반응이 있습니다. 하나는 "그러면 우리가 어찌 해야 하겠습니까"라는 반응이고 다른 하나는 이를 갈거나 귀를 막고 소리를 지르는 반응입니다.

전자의 반응은 죄를 지적하는 것을 인정하고 받아들이는 것이며 후자는 그것을 받아들이지 않는 것입니다. 죄를 별로 짓지 않는 사람들은 죄를 지적 받았을 때 그렇게 과민반응 하지 않습니다. 오히려 죄가 많은 사람일수록 죄를 지적 당하면 인정하고 돌이키기 보다는 강하게 반발합니다. 그것은 심리적인 것이기도 하고 영적인 것이기도 합니다.

사도행전 2장 37절을 보겠습니다.

"그들이 이 말을 듣고 마음에 찔려 베드로와 다른 사도들에게 물어 이르되 형제들아 우리가 어찌할꼬 하거늘" (행 2:37).

이 구절은 베드로가 오순절에 설교를 하며 회중들에게 너희들이 예수 그리스도를 십자가에 못 박았다고 책망하자 회중들이 반응한 것입니다. 이들은 그 자리에서 회개하고 세례 받고 구원받았습니다. 이처럼 권면을 받을 때에는 "어찌할꼬"하는 마음으로 받아야 합니다. 권면을 받을 때에 마음이 찔리는 것은 자연스러운 것입니다. 본능적인 것입니다. 그러나 그 찔림을 어떻게 소화하느냐가 중요합니다.

누군가에게 권면으로 찔림을 당했을 때에는 우선 그 사람에게 감사해야 합니다. 찌른 사람의 마음도 편하지 않습니다. 어려운 결단을 하고 권면한 것입니다. 사랑하는 마음으로 죄를 지적한 것입니다. 이러한 사실을 먼저 이해하여야 합니다.

그런 후에는 권면을 받아서 삶을 교정하고 죄에서 돌이키는 것입니다. 그 사람의 지적이 다소 맞지 않고 적절치 않게 여겨지더라도 권면한 사람을 원망하거나 대적하지 않아야 합니다.

죄를 지적 받은 사람은 자존심으로 지적 받은 죄를 부인하고 싶을 때도 있으며 어떤 죄는 본인이 기억하지 못하는 경우도 있습니다. 그러므로 권면을 받은 사람은 하나님이 하는 것이라는 믿음을 항상 마음에 품고 겸손하게 받아야 합니다.

이러한 사람들은 오순절에 베드로의 설교를 듣고 "어찌할꼬"라고 반응한 사람들처럼 하나님이 구원합니다. 이것은 매우 중요한 의미를 갖습니다. 작은 권면에 순종하는 지의 여부가 구원을 결정할 수도 있는 것을 보여주기 때문입니다.

다음은 사도행전 7장 54 절을 보겠습니다.

"그들이 이 말을 듣고 마음에 찔려 그를 향하여 이를 갈거늘" (행 7:54).

이 구절은 스데반이 유대인들에게 너희는 예수를 죽인 자들이고 율법을 지키지 않은 자들이라고 책망하자 유대인들이 한 반응입니다. 이들도 오순절에 베드로의 설교를 들은 사람들처럼 마음이 찔렸다고 합니다. 그러나 이들은 마음이 찔릴 때에 회개한 것이 아니라 이를 갈다가 스데반을 죽이는 죄까지 지었습니다.

이들은 구원받지 못하였습니다. 죄를 지적 받고 마음이 찔릴 때 어떻게 반응하는지가 운명을 좌우합니다. 그러므로 권면을 들을 때나 죄를 지적 당할 때에는 누가 말을 하든지 하나님의 말씀으로 받아야 합니다. 그리할 때 성령이 찔리는 마음에 도움을 줍니다. 이를 갈지 않고 겸손히 스스로를 다시 살펴보게 합니다. 이것이 구원받는 자세입니다. 이러한 사람이 지혜로운 사람입니다.

잠언 13장 10절은 "교만에서는 다툼만 일어날 뿐이라 권면을 듣는 자는 지혜가 있느니라"고 말씀하십니다. 권면을 하였는데 듣지 않으면 다툼으로 번질 수도 있습니다. 권면을 한 사람과 권면을 받은 사람 사이에 오해와 마찰을 불러일으킬 수 있습니다.

성경은 교만이 다툼을 불러온다고 합니다. 죄를 지적하는 사람도 지적 받은 사람도 교만하지 않아야 합니다. 권면을 듣지 않는 것은 교만이며 교만은 다툼을 부르는 반면 권면을 듣는 자는 지혜로운 사람입니다.

하나님은 미워하는 것이 하나 있습니다. 그것은 죄입니다. 하나님이 참지 못하는 것이 하나 있습니다. 그것은 죄입니다. 우리 선조들은 그 죄를 없이 하기 위해 많은 짐승의 피를 흘렸습니다. 그래도 그 죄를 없이 하지 못했습니다. 그리하여 하나님의 독생자 그리스도 예수의 피까지 흘리게 하였습니다.

우리가 죄를 짓는다는 것은, 죄를 지어 구원받지 못한다는 것은 예수님이 찢기고, 맞고, 피 흘리고, 저주 받아 나무에 달린 것을 무효 시키는 것입니다. 그리스도가 갈보리 십자가에서 피 흘려 죽은 것을 소용없게 하는 것입니다.

존귀하신 여러분, 죄를 미워 하십시오. 죄를 멀리 하십시오. 피차 에 죄를 사랑으로 지적하고 권면하십시오. 그리고 스스로 보지 못하 는 죄를 깨닫게 해주는 권면에 감사하십시오. 이럴 때에 하나님의 교 회에 죄가 들어오지 못합니다. 교회가 미혹 받지 않습니다. 이러한 교회가 거룩한 교회입니다. 이러한 교회만이 마지막 때에 들림 받을 것입니다.

12

거짓 목사를 책망하라

"화 있을진저 외식하는 서기관들과 바리새인들이여 너희는 천국 문
을 사람들 앞에서 닫고 너희도 들어가지 않고 들어가려 하는 자도 들
어가지 못하게 하는도다"(마태복음 23:13).
"화 있을진저 외식하는 서기관들과 바리새인들이여 너희는 교인 한
사람을 얻기 위하여 바다와 육지를 두루 다니다가 생기면 너희보다
배나 더 지옥 자식이 되게 하는도다"(마태복음 23:15).

성경은 화를 쉽게 내지 말라고 가르칩니다. 해가 지도록 분을 품
지 말라고 합니다. 왜냐하면 분한 마음은 다툼을 일으키고 악을 만
들기 때문입니다. 잠언 15장 18절과 시편 37장 8절을 보겠습니다.

"분을 쉽게 내는 자는 다툼을 일으켜도 노하기를 더디 하는 자는 시비를
그치게 하느니라"(잠 15:18).
"분을 그치고 노를 버리며 불평하지 말라 오히려 악을 만들 뿐이라"(시
37:8).

사람이 살다 보면 화가 나는 일이 있습니다. 보통은 다른 사람이
화 나는 일을 유발하지만 자신의 잘못으로 화가 나기도 합니다. 이

것은 감정을 가진 인간이면 누구나 경험합니다. 사람의 성품이나 기질에 따라서 화를 잘 내는 사람이 있고 화를 잘 내지 않는 사람들이 있을 뿐입니다. 그럼에도 불구하고 성경은 무슨 이유이든지 화를 내지 말라고 합니다.

사사로운 감정으로는 화를 잘 내지 않는 사람일지라도 악한 짓을 하는 사람을 보면 분을 냅니다. 화를 잘 내지 않는 어떤 한 사람은 문재인이 한국으로 도망온 탈북자를 북으로 강제 송환하였다는 말을 듣고 크게 화를 냈습니다. 어떤 사람들은 김정은이 자신의 형을 암살한 사건을 듣고 분개하였습니다.

이러한 것은 행악자를 보고 화를 낸 것입니다. 이러한 악한 짓을 하는 자를 보면 화가 나야 하는 것이 정상입니다. 화가 나지 않으면 이상한 것입니다.

그럼에도 불구하고 성경은 문재인이나 김정은 같은 악한 자에게도 분을 품지 말라고 가르칩니다. 잠언 24장 19절을 보겠습니다.

"너는 행악자들로 말미암아 분을 품지 말며 악인의 형통함을 부러워하지 말라" (잠 24:19).

이 구절은 악한자들로 말미암아 이를 갈지 말라고 합니다. 이 말씀을 문재인에게 적용하면 문재인이 탈북자를 강제 송환하였더라도, 부정선거에 개입을 하였더라도, 북괴를 이롭게 하는 이적 행위를 하더라도 분을 품지 말라는 것입니다.

정권만 바뀌면 문재인과 추미애를 감옥에 보내야 한다고 화를 내지 말라는 것입니다. 박근혜 대통령과 이명박 대통령은 혼자 감옥에 갔다면 문재인은 부인과 온 가족이 함께 감옥에 가야 할 것이라며 분해하지 말라는 것입니다.

문재인이 간첩죄로 사형선고를 받아야 한다고 비분강개 하지 말라는 것입니다. 추미애는 직권남용 죄로 감옥에 가고 그 아들은 탈영죄로 감옥에 가서 한 밥상에서 먹게 해야 한다며 분해 하지 말라는 것입니다.

성경은 이들을 불쌍히 여기라고 합니다. 심판은 하나님께 맡기라고 합니다. 그러니 화가 순간 적으로 올라오더라도 이내 억누르고 "저렇게 악한 짓을 하니 저 영혼이 결국에 어떻게 되려고 하나 쯧쯧" 하고 넘어가라는 것입니다.

이처럼 성경이 인간들에게 화를 내지 말라고 가르치는 이유는 화를 내는 것이 죄를 짓게 하기 때문입니다. 에베소서 4장 26절을 보겠습니다.

"분을 내어도 죄를 짓지 말며 해가 지도록 분을 품지 말고" (엡 4:26).

이 구절은 인간이 분을 낼 수 있음을 인정합니다. 그런데 그러한 분노를 가능한 빨리 삭이라고 말씀합니다. 그리하여 죄를 짓지 말라는 것입니다. 세상의 많은 죄들이 분을 품게 됨으로써 발생합니다. 분이 풀리지 않아 원수를 갚으려 하다가 죄를 짓습니다. 순간적인 분을 참지 못하여 폭행을 하고 방화를 하고 심지어 살인까지 합니다.

사람에게 분을 품는 것은 사람을 미워하는 마음이며 미워하는 것은 살인과 같은 죄입니다. 성내는 것이 하나님의 의를 이루지 못한다는 것을 깨달어야 합니다. 야고보서 1장 20절을 보겠습니다.

"사람이 성내는 것이 하나님의 의를 이루지 못함이라" (약 1:20).

성경은 이처럼 성을 내지 말고 분한 마음을 품지 말라고 가르치지만 그 가르침에 해당이 되지 않는 한 분이 계십니다. 이 분은 성경 전체를 통하여 수백 번이나 화를 냈습니다. 온 인류를 물에 빠져 죽게할 정도로 크게 화를 낸 적도 있습니다. 이 분은 화를 낼 자격이 있는 유일한 분입니다. 이 분의 이름은 만군의 여호와 하나님입니다.

하나님은 세상을 심판할 수 있는 유일한 분입니다. 그러므로 진노할 수 있는 유일한 분이기도 한 것입니다. 그러므로 하나님은 심판을 자신에게 맡기고 개인적으로 복수하지 말라고 말씀합니다. 이처럼 심판과 진노는 하나님의 몫이고 하나님만 할 수 있습니다.

하나님이 분노하는 이유는 의롭기 때문입니다. 시편 7장 11절을 보겠습니다.

"하나님은 의로우신 재판장이심이여 매일 분노하시는 하나님이시로다" (시 7:11).

인간은 의롭지 못합니다. 그러므로 화를 낼 자격이 없습니다. 그러나 인간들도 하나님이 허락하면 분노를 내고 그에 따른 행동도 할수 있습니다. 어떤 경우에는 하나님의 명령을 따라 반드시 분노를 쏟아내야 할 경우도 있습니다. 사무엘상 28장 18절을 보겠습니다.

"네가 여호와의 목소리를 순종하지 아니하고 그의 진노를 아말렉에게 쏟
지 아니하였으므로 여호와께서 오늘 이 일을 네게 행하셨고"(삼상
28:18).

사울 왕이 아말렉을 진멸하라는 하나님의 명령을 듣지 않아서 책
망을 받았습니다. 여기서 주목할 부분은 "그의 진노를 아말렉에게
쏟지 아니하였으므로"라는 표현입니다. 사울에게 하나님의 진노를
대신 쏟으라고 했는데 그렇게 하지 않았습니다.
　하나님은 아말렉이 출애굽한 이스라엘 백성을 괴롭힌 것을 기억
하여 심판하려고 했습니다. 그리하여 사울에게 전쟁의 지침을 자세
히 주었습니다. 아말렉 족속을 죽이되 어린 아이까지 죽이라고 하였
고 짐승도 그렇게 하라고 명령하였습니다. 또한 아말렉 왕 아각도
죽이라고 했습니다.
　그러나 사울은 살진 짐승은 죽이지 않고 끌고 왔습니다. 아각도
생포하여 데리고 왔습니다. 사울은 하나님께 제사 지내기 위해 살진
짐승만 선별하여 살려 두었다고 하였습니다. 그러나 실제로는 백성
들의 압력을 받고 자신도 제사 지낸 후에 먹을 욕심이 있었기 때문
에 그렇게 한 것입니다.
　아각 왕을 살려준 이유도 그에게 뇌물이라도 받고 싶은 계산이
깔려 있었기 때문이었는지 모릅니다. 어찌 되었든 하나님은 사울이
하나님의 진노를 아말렉에게 쏟으라는 명령을 어김으로써 크게 노

하여 징계하였습니다. 사무엘상 28장 19절을 보겠습니다.

"여호와께서 이스라엘을 너와 함께 블레셋 사람들의 손에 넘기시리니 내일 너와 네 아들들이 나와 함께 있으리라 여호와께서 또 이스라엘 군대를 블레셋 사람들의 손에 넘기시리라 하는지라"(삼상 28:19).

하나님의 진노를 아말렉에게 쏟지 않은 사울 왕의 죄가 큽니다. 사울과 그의 아들들이 전장에서 한 날에 죽었고 이스라엘이 블레셋 군대에게 패하였습니다. 사무엘상 31장 6절을 보겠습니다.

"사울과 그의 세 아들과 무기를 든 자와 그의 모든 사람이 다 그 날에 함께 죽었더라"(삼상 31:6).

이처럼 진노를 해야 할 때와 진노하지 않아야 할 때가 있습니다. 사사로운 감정으로는 진노하지 않아야 하지만 하나님의 공의로운 분노를 대신하여 발하여야 할 때가 있습니다.
예수님은 보통의 죄인들에게는 진노하지 않았습니다. 그들에게는 다시 죄를 짓지 말라고 온유하게 말씀하였습니다. 그러나 예수님도 진노하는 대상이 한 부류 있습니다. 그들은 서기관과 바리새인들입니다. 지금의 거짓 목사들입니다. 본문 말씀은 인자하고 화 내기를 더디 하는 예수님이 진노하는 것을 보여줍니다.

"화 있을진저 외식하는 서기관들과 바리새인들이여 너희는 천국 문을 사

람들 앞에서 닫고 너희도 들어가지 않고 들어가려 하는 자도 들어가지 못
하게 하는도다"(마 23:13).

"화 있을진저 외식하는 서기관들과 바리새인들이여 너희는 교인 한 사람
을 얻기 위하여 바다와 육지를 두루 다니다가 생기면 너희보다 배나 더 지
옥 자식이 되게 하는도다"(마 23:15).

예수님이 그 당시의 거짓 교사들의 죄와 위선을 책망한 말씀입니
다. 그 안에는 예수님의 의로운 분노가 가득합니다. 본문 말씀 외에
도 "화 있을진저"라는 표현을 다섯 번 더하여 모두 일곱 번이나 저
주를 하였습니다. 일곱은 완벽을 상징하는 숫자입니다.

예수님은 그 당시의 거짓 목사들을 완벽하게 저주하였습니다. 저
주의 말로 초토화 시켜버렸습니다. 말씀으로 적을 진멸한 것입니다.
아말렉을 진멸하라는 하나님의 명령을 기억나게 합니다.

하나님이 가장 악하게 여기는 인간들이 누구인지 예수님의 분노
를 통하여 알 수 있습니다. 그들은 강도도 아니고 살인자도 아니고
세리도 아니고 간음한 사람도 아닙니다. 그들은 바로 거짓 선지자,
거짓 목사, 거짓 교사들입니다. 보통의 사람들은 강도나 살인자가 거
짓 목사 보다 더 악한 사람으로 여길 것입니다. 그러나 예수님은 그
렇게 여기지 않았습니다.

왜냐하면 김정은같이 악한 자도 사람의 영혼을 지옥으로 끌고가
지는 않기 때문입니다. 히틀러도 사람의 생명만 죽였지 영혼을 죽이
지는 못하였기 때문입니다. 그러나 거짓 목사들은 교인들의 영혼을
지옥으로 끌고 갑니다. 천국으로 가고 있는 자들도 속여서 지옥으로

데려갑니다.

그렇다면 여러분도 동일하게 적용해야 할 것입니다. 다른 모든 것에서는 분노하지 않아도 거짓 목사들에게는 분노해야 합니다. 이것은 하나님의 명령입니다. 사울에게 아말렉을 진멸하는 분노를 쏟으라는 것과 같은 명령입니다. 예수님은 이 명령에 순종하였습니다.

나는 거짓 목사의 죄를 지적하고 책망하는 설교를 자주 하는 편입니다. 하나님의 거짓 목사들에 대한 분노를 나를 통하여 쏟아내는 것입니다. 내가 사사로운 감정으로 하는 것이 아닙니다. 하나님의 거짓 목사들에 대한 진노는 하늘을 찌를 듯이 높습니다.

왜냐하면 자신의 양들을 지옥으로 끌고가기 때문입니다. 하나님의 분노 중 일부를 나에게 담당시킨 것입니다. 그러니 나도 그들에게 대한 분노가 참을 수 없을 만큼 타오르는 것입니다.

그렇다면 설교 처음에 언급한 아무 일로도 누구에게도 분을 내지 말라는 말씀과 거짓 목사들에게 분을 내는 것이 상충되는 것이겠습니까? 물론 그렇지 않습니다. 거짓 목사들에 대한 분노는 예수님도 하신 것이고 의로운 것입니다. 하나님의 명령입니다. 그러므로 해도 되는 것일 뿐더러 반드시 해야 합니다.

그러니 여러분도 다른 죄인들은 불쌍히 여기더라도 거짓 목사들에 한하여는 의로운 분노로 책망하고 그들과 싸우는 것이 마땅합니다. 거짓 목사는 분노의 대상이지 존경의 대상이 아닙니다. 그 사람이 여러분의 담임 목사일지라도, 여러분의 친족 혈육일지라도 마찬가지입니다.

구약의 시대에 하나님이 거짓 선지자들에게 쏟은 공의로운 진노를 보겠습니다. 열왕기하 10장 25절에서 27절까지를 보겠습니다.

"번제 드리기를 다하매 예후가 호위병과 지휘관들에게 이르되 들어가서
한 사람도 나가지 못하게 하고 죽이라 하매 호위병과 지휘관들이 칼로 그
들을 죽여 밖에 던지고 "바알의 신당 있는 성으로 가서 바알의 신당에서
목상들을 가져다가 불사르고 "바알의 목상을 헐며 바알의 신당을 헐어
서 변소를 만들었더니 오늘까지 이르니라" (왕하 10:25-27).

예후는 바알의 모든 선지자와 제사장을 죽여 씨를 말렸습니다. 바
알의 제단을 모두 헐어 버리며 하나님의 진노를 쏟아 부었습니다. 여
호와를 경외하는 예후 왕의 의로운 진노는 하나님으로부터 온 것입
니다. 여기서도 하나님의 거짓 주의 종에 대한 진노가 얼마나 큰 지
를 볼 수 있습니다.

다음은 선지자 엘리야의 진노를 보겠습니다. 열왕기상 18장 19절
과 40절을 보겠습니다.

"그런즉 사람을 보내온 이스라엘과 이세벨의 상에서 먹는 바알의 선지자
사백오십 명과 아세라의 선지자 사백 명을 갈멜 산으로 모아 내게로 나아
오게 하소서" (왕상 18:19).
"엘리야가 그들에게 이르되 바알의 선지자를 잡되 그들 중 하나도 도망하
지 못하게 하라 하매 곧 잡은지라 엘리야가 그들을 기손 시내로 내려다가
거기서 죽이니라" (왕상 18:40).

선지자 엘리야는 바알을 지독하게 섬기는 아합 왕과 그의 부인 이세벨로부터 목숨의 위협을 느끼며 도망 다녔습니다. 그러던 어느 날 작심을 하고 아합에게 바알과 아세라 선지자를 모두 불러 달라고 요청하였습니다. 엘리야는 갈멜산에서 이스라엘 백성들이 보는 앞에서 이들과 대결을 벌였습니다. 이들 850명은 모두 거짓 선지자들이었습니다.

참 선지자와 거짓 선지자가 1대 850으로 붙은 것입니다. 하나님의 능력을 보이는 대결을 하였는데 엘리야가 승리하였습니다. 하나님이 불을 내리는 기적을 일으킴으로써 엘리야를 승리하게 하였습니다.

이 결투가 끝난 후 엘리야는 이스라엘 백성에게 자신의 승리를 알리고 떠나지 않았습니다. 엘리야는 이스라엘 백성들에게 거짓 선지자를 모두 붙잡아 기손 강으로 끌고 오게 하였습니다. 엘리야는 거짓 선지자 850명을 하나도 빼놓지 않고 모두 칼로 죽였습니다.

하나님은 거짓 선지자들에게 진노하여 엘리야에게 모두 죽일 것을 명령한 것입니다. 거짓 선지자에 대한 하나님의 맹렬한 분노는 예수님의 때에나 구약의 때에나 변함이 없었습니다. 현대에도 동일할 것입니다.

엘리야가 거짓 선지자를 죽일 때에 아합 왕도 옆에 있었습니다. 그러나 아합 왕은 죽이지 않았습니다. 아합 왕은 그 당시 참 선지자들을 거의 다 죽인 매우 악한 자입니다. 아합 왕이 이 거짓 선지자들보다 더 악하게 보이는 데 하나님은 그렇게 여기지 않았습니다. 거짓 선지자들을 더 악한 자들로 여겼습니다.

예수님도 악한 왕인 헤롯 보다 성경을 가르치던 서기관과 바리새인들에게 더 진노하였습니다. 그렇다면 일제시대에 살았던 믿는 자들은 일본 천황보다 신사 참배한 목사들에게 더 진노해야 하는 것입니다. 지금은 문재인이나 김정은에게 보다 거짓 목사에게 더 진노해야 합니다.

이처럼 인간들은 하나님이 진노하는 일에 진노해야 합니다. 하나님의 진노를 대신하여 쏟아야 할 때가 있습니다. 지금이 바로 그 때입니다.

지금이 바로 교회 건물에 돈을 들이고, 재산을 소유하고, 고급 승용차를 타고, 이 땅에서 부유하게 살라고 가르치고, 교인들을 모두 구원 받았다고 말하며 마지막 때가 가깝다는 설교를 하지 않고, 요한계시록도 가르치지 않는 여러분의 담임 목사에게 진노를 쏟아야 할 때입니다.

거짓 목사를 보고도 이러한 진노가 올라오지 않는다면 아마도 그 사람은 자신의 구원을 다시 돌아보아야 할 것입니다. 왜냐하면 그 사람은 성령의 감동을 따라 행하지 않기 때문입니다. 하나님의 명령에 순종하지 않기 때문입니다.

성령은 거짓 목사를 보면 진노합니다. 하나님은 거짓 목사에게 분노를 쏟으라고 명령합니다. 사람에게 분을 품는 것은 악한 것이지만 거짓 목사에 대하여 분을 품는 것은 선한 것이며 영생하게 하는 것입니다. 하나님의 영을 가진 자는 거짓 목사에게 진노합니다.

믿는 자들은 김정은보다 더 악한 자가 자신의 교회의 강단에 서 있지는 않은 지 살펴야 합니다. 그리고 그들이 거짓 목사라면 예수님이 바리새인들과 싸운 것처럼, 예후가 바알의 제사장들과 싸운 것처럼, 엘리야가 거짓 선지자들과 싸운 것처럼 여러분도 거짓 목사들과 싸워야 할 것입니다. 거룩한 분노로 싸워 이겨야 할 것입니다. 하나님의 진노를 그들에게 쏟아 부어야 합니다.

그러나 그 싸움은 혈과 육의 싸움이 아닙니다. 영으로 싸워야 합니다. 말씀과 기도로 싸워야 합니다. 거짓 목사의 죄를 지적하고 훈계하고 책망해야 합니다. 그렇게 할 때 여러분은 하나님의 진노를 쏟아 붇지 않아 망한 사울처럼 되지 않을 것입니다. 그렇게 함으로써 여러분의 영혼을 거짓 목사로부터 지킬 수 있습니다.

13
스승을 많이 두지 말라

"때가 이르리니 사람이 바른 교훈을 받지 아니하며 귀가 가려워서
자기의 사욕을 따를 스승을 많이 두고" (디모데후서 4:3).

여러분이 지금 한 사람의 참 목자에게만 가르침을 받지 않고 여기
저기 집회를 다니거나 유튜브의 다른 목사들의 설교를 함께 들으며
믿음 생활을 하고 있다면 본문 말씀이 응하는 삶을 살고 있는 것입
니다.

현대는 이러한 식으로 믿음 생활을 하는 사람들이 많습니다. 특히
인터넷과 휴대폰 사용이 대중화된 십여 년 전부터는 이렇게 믿음 생
활을 하는 것이 하나의 패턴으로 자리를 잡았습니다. 또한 교인들이
국내외의 이름있는 사역자들의 집회를 찾아 다니는 것도 오랜 전통
이 되어 있습니다.

그러나 이렇게 믿음 생활을 하는 것은 바른 것이 아닙니다. 교인
들이 자신이 섬기는 교회의 목사 외의 사람에게 신앙의 가르침을 받
는 것은 마치 친구의 아버지도 친아버지로 여기는 것과 같은 것입니
다. 다른 여자의 남편도 내 남편으로 여기는 것과 같이 옳지 못한 것
입니다.

교인들이 이러한 신앙생활을 하게 되는 이유는 크게 두 가지입니다.

　첫째, 담임 목사로부터 충분히 영의 양식을 공급받지 못했기 때문입니다. 배가 고픈데 채워지지 않으면 다른 목자에게 가서라도 배를 채우려는 본능이 작용하는 것은 당연한 것입니다. 이처럼 여러분의 목사에게서 영적인 배고픔과 갈증이 해소되지 않는다면 그 목사는 거짓 목사일 가능성이 매우 큽니다.

　둘째, 담임 목사가 참 목사임에도 여러분이 여기 저기 다니면서 다른 가르침을 듣고 있다면 여러분의 믿음 생활이 건강하지 못한 것입니다. 다르게 표현하면 미혹된 신앙생활을 하는 것입니다. 집에 따뜻한 밥이 있는데 밖에서 구걸을 하고 다니는 것과 같은 것입니다.

　그렇다면 현대의 많은 교회가 이 둘 중의 하나에 해당이 되는 것일까요? 그렇다고 할 수 있습니다. 그런데 더 정확한 답은 대부분의 교회들이 위에 언급한 두 가지 모두에 해당한다는 것입니다.

　다시 말하면 한국 대부분의 교회 안에는 거짓 목사와 거짓 교인들이 한데 어우러져 있습니다. 목사는 양을 먹이지 못하고 양들은 목자가 먹이든 먹이지 못하든 상관없이 들판을 방황하고 있습니다. 이것이 한국 교회의 모습입니다.

　교인들이 한 목사에게서 가르침을 받지 못하는 이유가 본문에 나와있습니다. 그것은 귀가 가렵고 사욕을 쫓기 때문입니다. 귀가 가렵다는 것은 자기가 원하는 소리만 듣고 싶어한다는 의미입니다. 영어 NIV성경은 "가려운 귀가 원하는 것을 듣기 위하여 선생을 많이 둔다"는 의미로 쓰여 있습니다.

많은 교인들이 자신의 탐심과 부합하는 말을 들으려 하고 복은 있고 화는 없을 것이라는 설교를 들으려 한다는 것입니다. 사업이 잘 되고 만사형통 할 것이라는 예언의 말을 듣고 싶어한다는 것입니다. 구원받았다는 말을 좋아한다는 것입니다.

다른 부류의 교인들도 있습니다. 이 사람들은 처음 언급한 사람들과는 다릅니다. 귀에 달콤한 설교를 반드시 좋아하지는 않습니다. 번영복음도 듣지 않습니다. 대신에 타락한 세상이나 교회를 비판하는 설교를 듣기 좋아합니다. 거짓 목사를 책망하는 설교도 좋게 여깁니다. 반정부 설교를 하고 문재인을 비판하는 소리를 듣기 좋아합니다. 이 사람들은 이러한 종류의 설교를 들어야 가려운 귀가 시원해지는 사람들입니다.

이상의 두 부류의 사람들의 특징은 인터넷의 온갖 것들을 듣기를 좋아하고 집회에 쫓아다니기를 즐겨합니다. 이들은 그것이 성령의 소리인지 마귀의 소리인지는 분별하지 못합니다. 다만 그들의 가려운 귀가 시원 해지는지 여부가 초점입니다.

본문 말씀은 믿는 자들이 이렇게 하는 이유가 사욕을 채우기 위한 것이라고 합니다. 여기서 사욕을 채운다는 의미는 물질적 이익을 얻는다는 의미가 아닙니다. 신앙적 만족감을 누린다는 것입니다.

좋게 말하는 사람, 긍정적으로 말하는 사람, 재미있게 말하는 사람, 부드럽게 말하는 사람, 자신의 생각과 같은 말을 하는 사람, 의롭게 말하는 사람, 애국적인 말을 하는 사람 등 온갖 종류의 특성을 가진 여러 목사를 스승으로 두어 자신의 심리적 만족, 정신적 만족, 신앙적 만족감을 누린다는 것입니다. 그러나 이러한 내적 만족감은 영적인 유익과는 상관이 없습니다. 믿음의 성장과도 무관합니다. 오히려 미혹되고 믿음을 잃어버리도록 합니다.

스승을 많이 둔 사람들의 또 다른 특징은 목사와 설교를 평가하고 판단하는 데는 빠른데 설교 말씀을 삶에 적용하는 데는 느립니다. 설교를 열심히 듣고 평가하는데 삶은 변하지 않습니다. 그럼에도 불구하고 스스로는 바르게 믿음 생활을 한다고 여깁니다. 그러나 이러한 사람들은 실제로 매우 혼돈된 믿음 생활을 하고 있는 것입니다.

나의 설교를 열심히 듣는 사람들 중에도 종종 이러한 부류의 사람들을 접하게 됩니다. 이 기회에 나의 설교를 특별히 열심으로 듣는 분들에게 당부합니다. 내가 한 설교 말씀대로 자신의 삶이 변하고 있는 지를 돌아보십시오. 나의 설교를 판단하고 선택하여 받아들이는 것은 없는지 살펴보십시오.

만약에 그러한 것이 있다면 나의 설교를 들을 필요가 없습니다. 왜냐하면 설교 말씀을 듣는 첫째 이유가 그대로 행하기 위한 것인데 그러한 행함이 없다면 시간만 허비하는 것이기 때문입니다. 하루에 삼십 분 또는 일 주일에 삼십분도 아끼라는 것입니다. 그러나 나의 설교를 듣고 삶이 바뀌고 있거나 말씀 대로 순종하려고 애쓰는 분들은 계속 반복하여 들어도 좋습니다. 많이 듣는 만큼 성화를 이루어 갈 수 있습니다.

그러나 가장 좋은 방법은 참 목자, 참 교회를 찾아 그 목자의 곁에서 그 목자의 가르침 만을 받으면서 믿음 생활을 하는 것입니다. 그렇게 하는 것이 바르고 건강한 것입니다. 그렇게 된다면 더 이상 나의 설교를 들을 필요도 없습니다.

지금은 마지막 때이고 마지막 때에는 미혹이 엄청납니다. 그러므로 여러분은 마귀의 속임에 넘어가지 않을 수 없는 세대에 살고 있다고 해도 과언이 아닙니다. 불과 며칠 전에도 그러한 사람을 가까이서 보았습니다.

지금은 참 목자에게 바싹 붙어있지 않으면 언제 사자의 먹이가 될지 모릅니다. 여기 저기 다니면서, 이 설교 저 설교를 들으면서 믿음 생활을 하다 가는 반드시 미혹 받습니다.

여러분이 지금 스승으로 생각하고 좋게 여기는 목사들이 모두 참 목사이거나 그들의 설교가 모두 진리일 가능성은 거의 없습니다. 대신에 여러분은 그들에게 속고 있을 것이 분명합니다. 그러니 유튜브 설교를 듣지 마시십시오. 유튜브는 대부분 사탄의 도구로 사용됩니다.

치유 집회, 예언 집회, 광화문 집회 등 어느 집회에도 가지 마십시오. 인터콥같은 선교센터에 훈련 받으러 가지 마십시오. 대형 교회의 양육 프로그램이나 국내외의 유명한 목사 집회에 참석하지 말고 아이홉이나 어떤 기도 모임에도 가지 마십시오. 모두 미혹 덩어리입니다.

미혹은 슈퍼마켓에서 일어나지 않습니다. 식당이나 카페에서 미혹 받지 않습니다. 공원 산책로를 걸을 때 미혹 받지 않습니다. 동창회나 취미 클럽에서 미혹되지 않습니다. 미혹은 종교 집회에서 일어납니다. 예수를 믿는 자들이 모이는 곳이 미혹의 장소입니다.

미혹 받지 않을 모임은 참 교회밖에 없습니다. 그러니 참 목자가 있는 참 교회를 찾으십시오. 그리고 그 목자의 말에 순종하며 믿음 생활을 하십시오. 참 목자의 교회 안에서 지체를 이루어 함께 기도하고 예배를 드리십시오. 성경을 배우십시오. 서로 섬기고 봉사하고 헌물을 기쁘게 많이 드리십시오. 그리고 그 목자와 함께 천국을 가십시오.

결국 참 목자의 양들만 천국을 갑니다. 목자 없는 양과 거짓 목자를 따르는 양들은 지옥으로 갑니다. 그러니 스승을 많이 둔 사람들은 이제 그 스승들을 정리하십시오. 그 중에 하나만 택하십시오. 아니면 다른 참 목자를 다시 찾으십시오. 양들의 생명이 목자에게 달려있습니다.

본문 말씀은 바른 교훈을 받기 싫어하는 사람들이 스승을 많이 둔다고 말씀합니다. 즉 유튜브에서 여러 사람의 설교를 듣는 사람들은 바른 교훈을 받기 싫어하는 사람이라는 의미입니다. 그리고 그러한 때가 온다고 합니다. 본문 말씀을 다시 보겠습니다.

"때가 이르리니 사람이 바른 교훈을 받지 아니하며 귀가 가려워서 자기의 사욕을 따를 스승을 많이 두고"(딤후 4:3).

그러한 때가 바로 지금입니다. 휴대폰이 없고 인터넷이 발달하지 않은 시대에는 스승을 여럿 두지 않았습니다. 고작해야 간혹 부흥회에서 다른 목사의 설교를 듣는데 그쳤습니다. 교회의 담임 목사의 설교와 가르침에 집중하며 믿음 생활을 하였습니다. 적어도 1970년대까지는 그렇게 하였습니다. 그러나 오래 전부터 이러한 패턴이 바뀌어 여러 스승의 설교를 듣고 있습니다.

참 교회를 찾지 못하여 방황하는 영혼들이 많습니다. 코로나 이후로 그러한 사람의 수가 더욱 늘어나고 있습니다. 그럼에도 불구하고 지금이 코로나 전보다 복을 받은 때인 것은 사실입니다. 왜냐하면 거짓 목자의 교회 안에서 예배 드리는 것보다 차라리 목자가 없는 편이 나은 것이기 때문입니다.

이러한 분들은 지금이 참 목자를 찾기에 좋은 때입니다. 거짓 교회의 문을 닫게 하여 양들을 흩고 있는 이 때야 말로 구원받을 때입니다. 고린도후서 6장 2절을 보겠습니다.

"이르시되 내가 은혜 베풀 때에 너에게 듣고 구원의 날에 너를 도왔다 하셨으니 보라 지금은 은혜 받을 만한 때요 보라 지금은 구원의 날이로다"(고후 6:2).

교인의 구원을 훼방하는 사람은 불교의 승이나 무슬림이 아닙니다. 불신자도 아닙니다. 교인을 구원받지 못하게 방해하는 사람은 예수를 믿는 사람입니다. 그 중에서도 목사들이 교인의 구원을 가장 크게 방해하는 사람들입니다. 그러니 교회에 갈 수 없는 이 때야 말로 은혜 받을 만한 때요 구원의 날입니다.

예수님의 때에도 거짓 목사들이 영혼을 사냥하였는데 이천 년이 지난 지금도 변하지 않았습니다. 그러므로 지금처럼 교회를 가기 어려운 상황이 된 것은 하나님이 믿는 자들에게 베푼 은혜입니다. 여러분에게 구원의 때가 되었음을 알리는 것입니다. 거짓 목자로부터 자신의 양들을 흩어 하나님이 직접 먹이려는 것입니다. 에스겔 34장 11절, 12절을 보겠습니다.

"주 여호와께서 이같이 말씀하셨느니라 나 곧 내가 내 양을 찾고 찾되"
"목자가 양 가운데에 있는 날에 양이 흩어졌으면 그 떼를 찾는 것 같이 내가 내 양을 찾아서 흐리고 캄캄한 날에 그 흩어진 모든 곳에서 그것들을 건져낼지라"(겔 34:11-12).

이 구절은 목자가 흩어진 양 떼를 찾는 것처럼 하나님이 자신의 양들을 건져 낼 것이라고 말씀합니다. 이 양들은 지금 흐리고 캄캄한 날에 목자 없이 흩어져 있습니다. 이들이 바로 지금 교회에 모이지 못하는 교인들이고 참 교회를 찾지 못하여 방황하는 자들입니다.

이들은 지금 참 목자를 만나지 못해 스승을 여럿 두고 자신의 귀를 의지하여 자신의 소견에 옳은 대로 믿음 생활을 하는 사람들입니다. 이제 하나님께서 잃어버린 양들을 불쌍히 여겨 그들을 다시 모으려 합니다. 그들을 부르고 있습니다.

그러니 이제 여러분은 하나님이 부르는 소리에 귀를 기울여야 할 것입니다. 귀를 기울이면 하나님의 목소리를 들을 수 있습니다. 그 목소리에서 참 목자의 참 교회가 어디에 있는지 발견할 수 있습니다.

참 목자가 있는 곳은 오직 성령만이 인도할 수 있습니다. 왜냐하면 눈에 잘 뜨이지 않기 때문입니다. 교회 간판이 없을지 모르기 때문입니다. 그러나 간절히 기도하면 알게 합니다. 스승을 많이 둔 것을 회개하고 그들에게서 떠날 때에 인도할 것입니다.

지금 여러분은 근신하여 깨어서 참 목자를 찾아야 할 때입니다. 우는 사자가 삼키려고 문 앞에 와있습니다. 목자가 없으면 삼킴을 당합니다. 베드로전서 5장 8절을 보겠습니다.

"근신하라 깨어라 너희 대적 마귀가 우는 사자 같이 두루 다니며 삼킬 자를 찾나니" (벧전 5:8).

여러분 모두 이제 가려운 귀를 긁어주는 스승을 많이 두어 미혹받지 말고 참 목자, 참 교회를 찾아 구원 받기를 우리 주 예수 그리스도의 이름으로 축복합니다.

영혼을 살리는 설교 5
미혹하는 자들 ———————————————

초판 1쇄 2021년 04월 19일

지은이 다니엘 조
펴낸곳 쉐미니 아쯔렛
이메일 sukkot777@gmail.com
등 록 2018. 8. 20 제2018-000081

ISBN 979-11-964731-8-1 03230